# 华北平原区高等级公路路体绿化评价研究

弓　成　史常青　刘育成　谷建才　赵廷宁　著

中国林业出版社

**图书在版编目（CIP）数据**

华北平原区高等级公路路体绿化评价研究/弓成等著. —北京：中国林业出版社，2017. 11

ISBN 978-7-5038-9379-7

Ⅰ. ①华… Ⅱ. ①弓… Ⅲ. ①华北平源—等级公路—道路绿化—评价—研究 Ⅳ. ①U418. 9

中国版本图书馆 CIP 数据核字（2017）第 290191 号

---

---

**出版** 中国林业出版社（100009 北京西城区刘海胡同 7 号）
**网址** http：//lycb. forestry. gov. cn
**发行** 中国林业出版社
**E-mail** forestbook@ 163. com **电　话** 010-83143515
**印刷** 北京中科印刷有限公司
**版次** 2017 年 12 月第 1 版
**印次** 2017 年 12 月第 1 次
**开本** 889mm×1194mm 1/32
**印张** 6
**字数** 186 千字
**定价** 45. 00 元

# 前　言

高速公路被称为一个国家走向现代化的桥梁。我国高速公路通车里程从20世纪80年代末的零起步到目前位居世界第一。高速公路绿化是高速公路建设的重要组成部分，我国高速公路绿化经历了“单纯绿化”“景观绿化”“生态绿化”的认识和实践过程，但由于相关技术标准的完备性及认识的不足，绿化水平参差不齐。因此，开展高速公路绿化效果评价研究，对于高速公路“生态绿化”的标准化，乃至生态或绿色高速公路建设具有重要理论与实践指导意义。

本书以北京市公路生态绿化研究（2007HXKJ）课题、国家自然科学基金项目（31570701）的部分成果为依托，对绿化植物的选择与配置，在不同尺度上从环境、安全、景观及经济等方面构建评价指标体系，选取京石高速、石安高速和廊涿高速为对象，通过大量实地调查和观测数据，进行高速公路路体绿化效果评价。全书共分7章。第1章阐述了高速公路绿化效果评价的研究背景和研究进展。第2章介绍了研究区概况、研究内容和研究方法。第3章对高速公路路体绿化的立地类型进行了划分和评价。第4章构建了高速公路路体绿化植物适应性的评价指标体系，并以京石高速（河北段）的中央分隔带为例进行了实例评价。第5章构建了高速公路路体绿化植物配置的评价指标体系，并以京石高速（河北段）的中央分隔带为例进行了实例评价。第6章构建了高速公路路体绿化景观的评价指标体系，并以京石高速（河北段）的中央分隔带为例进行了实例评价。第7章构建了高速公路路体绿化综合评价指标体系，并以京石高速（北京段）、京石高速（河北段）、石安高速和廊涿高速为例进行了实例评价。

本书在写作过程中，得到了北京林业大学、河北农业大学和大连工业大学等单位和个人的大力支持，同时参考了大量文献资料，借此机会表示衷心的感谢！中国林业出版社为本书的出版给予了大力支持，编辑人员为此付出了辛勤劳动，在此表示诚挚的谢意！

本书可供交通、国土、矿山、林业、水利、水保、园林、旅游等部门从事生态恢复相关科研、教学、规划设计、工程建设与管理人员参考。

鉴于作者水平有限，疏漏与不足之处在所难免，敬请广大读者批评指正。

作 者

2017年11月10日

# 目　录

# 第1章

# 绪 论

作为城市与地区间物质、信息流通的载体，公路已经成为国家经济发展的命脉。特别是对中国这样的发展中国家而言，公路在国家经济建设中发挥着举足轻重的作用（张琳，2010）。在我国的基础设施建设中，公路建设也可以看作基础设施建设的重要工作。尤其是高级公路建设，就近几年的形势来看，对经济增长、拉动内需等方面起着至关重要的作用，从国家到地方各级政府都高度重视。

我国公路交通自新中国成立以来得到了快速的发展，各级公路里程不断增加。近年来，公路建设投资年均超过 2000 亿元。1949 年，全国公路总里程只有 8. 07 万千米，而到 2008 年年底，我国公路总里程达到 199. 5 万千米，仅高速公路通车里程就达到了 7. 4 万千米，列居世界第二，仅次于美国。按照我国制定的《交通、水运交通发展三阶段战略目标（基础建设部分）》，到 2020 年，我国公路总里程将达到 300 万千米以上，其中将有 55 万千米达到二级以上，高速公路正以每年 1000~2000km 的速度增加。我国公路建设规模宏大，飞速发展且公路等级不断提高，这对公路绿化的要求也随之提高。

作为国土绿化的重要组成部分，公路绿化在可持续发展战略中具有一定的位置，而且也是有具体法律规定的，主要是在公路法、森林法和水土保持法中（吕凤霞，2007）。如今，中国在公路建设上突飞猛进，人民保护生态环境的意识也飞速提高。为了使我国的公路建设和景观建设按照计划成功地进行，加强交通环保意识，我国交通、绿化等相关部门相继出台了一系列关于公路及其绿化美化的法律法规。交通部在 20 世纪 50 年代颁发了《公路绿化暂行办法》，并和林业部等部门在20世纪60年代联合召开了第一次全国公路绿化工作会议（尹红梅，2007）。1983年，交通部制定颁发了《公路标准化美化标准》（GBM工程），提出保障公路的畅通、整洁、绿化，创建安全、舒适、优美的公路环境（张琳，2010）。1998年1月27日，国家相关部委联合发布《关于在全国范围内大力开展绿色通道工程建设的通知》，首次提出了开展以公路、铁路、江河为主线的绿色通道工程建设（吕迎霞，2007）。2000年10月，在国务院发布的《国务院关于进一步推进全国绿色通道建设的通知》中指出，绿色通道建设成为我国国土绿化的一个重要组成部分，其首要任务是对公路、铁路、河渠、堤坝沿线实施绿化美化（何云，2006）。由此可以看到，公路绿化作为绿色通道建设的一个有机组成部分，日益受到重视。

一直以来，我国在公路的绿化方面主要采用栽植行道树，而其中大多是栽植高大的乔木树种，因为人们希望形成宽广的阴凉。但近些年来，随着社会的进步，人们对环境美化和驾驶安全要求的提高，高大乔木已经不能满足人们的需求，而且高级公路和高速公路建成后，更加要求美观和安全，所以现在绿化的主要材料变成了护坡草坪、灌木、拥有美丽冠形且生长极慢的针叶树种以及比较耐得住修剪的阔叶树种（马欣欣，2008）。在进行绿色通道的建设中，要实现公路绿化材料的多样性、公路林带的规模化和公路景观配置园林化的更高提升，最关键的是公路绿化的模式和绿化植物材料的选择以及材料的更新（吕光泉，2002）。

作为自然环境与人工构造物的结合体，公路是实现景观设计与环境再造的重要载体。良好的公路环境体系会极大地改善沿线的生态状况，最大限度地减少因公路建设给自然环境带来的破坏冲击。同时，健康的公路环境体系还将会发挥良好的安全功能，减少交通事故的发生。良好的景观会给公路使用者在审美和驾驶体验方面产生积极影响，能够消除或减轻驾驶人员的疲劳。因此，关注公路绿化景观建设，发挥生态、安全、景观功效已成为公路建设发展的必然（孙海涛，2008）。现代公路建设的追求目标是把环境景观建设作为公路建设的重要一环，充分考虑公路自身的视觉美感以及其与外部自然环境间协调融合，提高公路使用者对自身和所处的道路系统环境的认识，构建环境、心理及使用行为间的和谐关系，从而形成合乎审美心理的人性化、生态化的公路系统。

在当前飞速发展的公路建设形势下，我国公路绿化的形势却不容乐观。近年来，虽然我国公路绿化取得了长足进步，公路绿化规模不断扩大，公路绿化覆盖率不断提高，建设投资不断加大。但我国在此相关领域的研究发展较缓慢，设计理念停滞不前，在工程技术方面也有一定限制，所以在公路绿化的建设中产生的问题较多，导致公路绿化质量水平参差不齐。虽然公路绿化大多形成了生态廊道网络雏形，但公路绿化网络完整程度低，植物配置不协调、结构单一，稳定程度低、防护效能不高，公路绿化植物种类单一，绿化景观单调，效果差强人意。公路绿化在设计、施工工艺、后期养护上水平不一，对公路绿化效果缺乏科学、全面、系统、客观的评价，绿化功能难以得到充分发挥，与美国、日本、德国等发达国家的公路绿化建设水平尚存在很大差距（周翔宇，2011）。

现在的公路绿化，尤其是高等级公路绿化，与过去的通道绿化相比，提出了更高的多元化需求。公路绿化已经不单单是交通部门的工作，要求综合林业、农业、环保、国土等多个部门统一规划，共同建设。植物种类选择与配置上，强调适地适树的同时，更加需要丰富绿化物种种类，强调乔、灌、草空间复合立体配置，在发挥生态功能、提高安全性能的基础上，更加突出景观美学效果。在绿化的目的上，强调建立一个复合稳定的植物生态系统来改善环境、促进生态和谐、提供行车安全舒适、打造赋予人文内涵的美丽景观。因此，高等级公路绿化在绿化物种选择、植物配置、生物多样性、结构稳定性、网络构建等诸多方面要求更加严格，要求有更高层次的科技支撑并与之相适应（魏中华，2005）。

如今，各级政府及公路建设者所面对比较迫切的问题，就是如何实现公路绿化健康有序发展。而我国的公路绿化发展遇到了瓶颈，主要是因为我国公路绿化的研究很薄弱，尤其是高等级公路绿化研究工作，然而这些问题都是需要我们尽早解决的。这就要求我们形成一套公路绿化技术和绿化效果评价体系，这套体系必须科学、系统、完整，为我国的公路绿化建设尤其是高等级的公路绿化建设提供理论依据与技术支持，以便科学指导公路绿化工作（柳孟松，2008）。

# 第2章

# 高等级公路路体绿化研究进展

## 2.1 相关概念界定

### 2.1.1 公路等级体系与高等级公路

#### 2.1.1.1 公路等级分类

在国际上，各国的情况不同，对公路的等级划分标准也不尽相同。我国的公路按技术等级、年平均昼夜的交通量、通达区域的重要程度等指标，以最新标准可划分为5级，即：高速公路、一级公路、二级公路、三级公路、四级公路。其中高速公路和一、二级公路即通常所指的高等级公路，其余为普通公路，亦称一般公路。

高速公路是专供汽车高速行驶的公路。高速公路是高等级公路的一部分，也是主体部分。根据《公路工程技术标准》（JTJ01—88）规定，高速公路应具备限制出入、分隔行驶、汽车专用、全部立交和完善的交通设施条件；昼夜行车通行量和行车速度符合设计标准。

高速公路主要分为：城市间高速路（例如广深高速公路、沈大高速公路）和城市内高速公路（例如上海内环高架快速干道）。一般，城市间高速公路称为高速公路，城市内高速公路称为城市快速干道。

城市间高速公路是主要承担城市与城市之间的交通，出行距离一般较长，过境车辆占多数，线上范围大，交通量小，交通监控设施布置较稀；与有一定富裕通行能力的普通公路相连接，不同的区间车种构成变化显著，匝道间的 *OD* 交通量估算精度低。

城市内高速公路是主要承担城市内短距离交通，所以通勤客占多数、交通量大、面上的范围广，入口匝道多，间距短，交通量接近于通行能力，交通监控设施完善。车种构成变化小，匝道间的 *OD* 交通量估算精度高。

#### 2.1.1.2 高速公路的功能与特点

高速公路是高等级公路的一部分，也是主体部分。高速公路具有汽车专用、分隔行驶、全部立交和控制出入以及标准高、设施完善等功能，使得公路运输与公路交通发生了质的变化。与普通公路相比，高速公路具有车速高、通行能力大、运输费用省、行车安全等特点。

我国最早的高速公路是沈（阳）大（连）高速公路，于 1984 年 6 月开工，1990 年建成通车；其次是西（安）临（潼）高速公路，于 1986 年年底开工，1991 年建成通车。至 1997 年年底，我国已有 20 个省（直辖市、自治区）拥有高速公路，其中有 17 个省（直辖市、自治区）成立了专管机构，通车总里程数达 4400km。进入 21 世纪，我国的高速公路建设发展速度更快。2004~2007 年，平均每年以 3000~4000km 的建设速度发展，至 2007 年年底，我国高速公路的通车总里程数达 54000km。高速公路在我国的建设与发展仅有 20 余年的时间，但发展速度之快、建设规模之大居发展中国家首位，在全世界已成为仅次于美国的第二大国。高速公路已成为一个国家和地区物质文明和精神文明的“窗口行业”，并以其快捷舒适、安全高效和巨大的社会效益和经济效益，对国民经济建设产生着广泛而深远的影响，发挥着重大的作用。

### 2.1.2 高等级公路绿化概述

#### 2.1.2.1 高等级公路绿化的内涵与定义

高等级公路绿化是现代高等级公路建设工程的重要组成部分。参照国外有关对高等级公路绿化的定义，结合我国公路绿化的具体情况，高等级公路绿化是指在高等级公路的用地范围内，以路为主体对象，通过按照工程设计标准对相应空间的划分和对绿化植物的合理配置，对路体各相关部位实施草、灌、乔、花的定位栽植。绿化工程完成后，可起到防护、安全、环保、美化和引导交通的作用。

高等级公路绿化是一门集园林学、草学、林学、水土保持学和环境生态学为一体的、具有多重效应的综合性应用学科；其基本特点是多功能、综合性的人工再造草、灌、乔复合型的绿地生态系统。

高等级公路建设的一个重要组成部分是高等级公路绿化，而高等级公路绿化是由公路路体绿化、服务区绿化和互通区绿化三个部分组成，其中中央分隔带绿化、边坡绿化和公路路侧绿化是公路路体绿化的组成部分，服务区绿化、加油站绿化以及修理厂的绿化等则属于服务区绿化。

### 2.1.2.2 高等级公路绿化的功能

#### 2.1.2.2.1 防护功能

稳定路基，可以防止冲刷、保障公路安全。高等级公路具有高路堤、流线型的特点。我国的公路边坡多采用 1∶1.5 的坡度设计，路堤边坡面积很大，是最容易因雨水冲刷而造成公路病害的部位，也是绿化防护的重点。高等级公路的边坡防护多采用 2 种防护措施：一是传统工程防护，即用砼浇铸或水泥网格防护，多用于路堑、陡坡和雨水集流工程，其特点是防护功能强，造价昂贵，病害不易修复；二是生态工程防护，即通过栽植树木、建植草被等绿化手段进行防护，其特点是抗灾能力和防护力相对较弱，但速度快、造价低、好养护、易修复。所以，绝大多数的高等级公路边坡防护采用生态工程防护措施。

根据 1996~1998 年“陕西省高等级公路绿化研究”的结果表明：当降水量为中到大雨时，即降水量 46.2mm，降水强度 5.13mm/h，采用“红豆草 60%+无芒雀麦 20%+多年生黑麦草 20%”的绿化组合方案效果最佳。与裸露地表相对照，可降低径流量 71.7%，减少冲刷量 84.4%；降水量为小到中雨时，即降水量 22.1mm，降水强度 4.42mm/h，采用同样的绿化组合方案，可降低径流量 82.6%，减少冲刷量 90.1%。

#### 2.1.2.2.2 安全功能

防眩光保障行车安全。由于高等级公路采用分车道、双向行驶的路面设计标准，故中央分隔带为高等级公路必需的组成部分。中央分隔带的宽度一般为 1～3m，既是绿化的主体部位，又是防眩光的唯一设施。防眩光措施有绿化防眩和工程防眩 2 种，因绿化防眩成本造价低、环保性能强和美化效果好，国内外 90%以上的高等级公路采用了绿化防眩。所以，对中央分隔带实施绿化，有两方面的作用，一是防眩光（夜间车灯对射产生的光效应），对夜间行车具有重要的安全保障作用；二是对路容路貌的美化作用，既使旅行舒适，又可缓解司乘人员的视觉疲劳。

在西（安）临（潼）高等级公路对中央分隔带绿化的试验研究表明：当中央分隔带的宽度在 2.0m 以下时，防眩绿化树木的栽植宜采用纵向单行式，株距为 $R/\sin\alpha$（计算公式），即直线段的株距为（2.0±0.5）m，冠茎（0.4±0.1）m，株高 1.3～1.5m；中央分隔带的宽度在 2.0m 以上时，采用“绿篱封闭式”的防眩绿化，效果最佳。

2.1.2.2.3　环保功能

降低噪音和粉尘污染，净化空气和调节小气候，固土护坡和保持水土。草坪绿地是“人类文明的象征，生态环境的卫士”，公路绿化中的草坪绿地因地处交通沿线，是汽车尾气、有害粉尘、行车噪音的策源地和集散地，其环保功能就显得十分突出和重要。

2.1.2.2.4　美化功能

创造一个舒适旅程，需要环境优美的良好交通条件。随着生活水平的提高和交通条件的改善，人们不但要求一个好的居住环境，而且要有一个良好的交通环境，美化环境已成为各行各业的共同需求。高等级公路是全封闭、全立交、控制出入的快速通道，北方地区的高等级公路沿线环境往往单调枯燥、黄土尘尘，长时间的高速行驶，令司乘人员在精神上、视觉上易产生疲劳，这对行车安全不利。高等级公路绿化要求“四季常绿，三季见花”。试想在绿色毯状的草坪上，栽植着青松翠柏，各色花木和正在开放的五彩缤纷的鲜花，红墙、黄瓦、白屋掩映其间，如此赏心悦目的交通环境和舒适的旅程，定能陶冶人的情操，激发人的志趣，使人忘记工作中的疲劳和生活中的忧伤。

2.1.2.2.5　引导交通功能

通过绿化物的定位栽植，形成明显的行车分隔带。高等级公路的服务区、立交区、收费站，其特点是面积大、线路复杂、功能多样。这些部位的绿化是一种景观再造绿化，而车辆的线路行驶往往是通过设置绿化带来引导的。

### 2.1.3 高等级公路路体绿化的特征

中央分隔带绿化、边坡绿化和公路路侧绿化是公路路体绿化的组成部分。高等级公路路体绿化要素，如图 2-1；高等级公路绿化组成，如图 2-2。

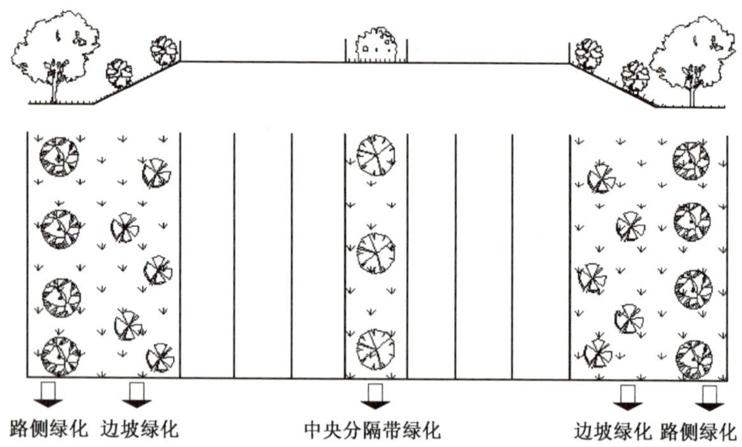


图 2-1 高等级公路路体绿化要素示意图

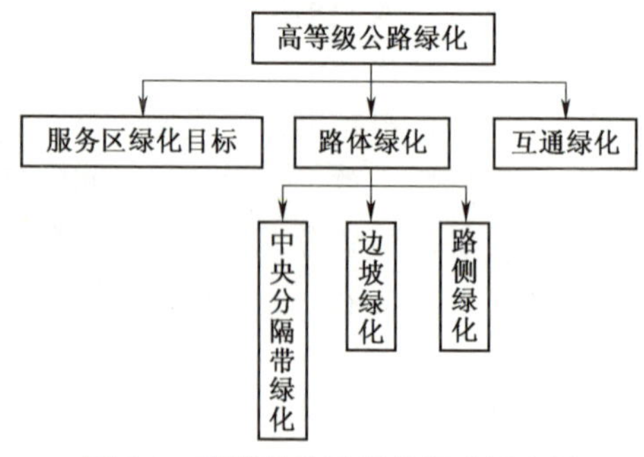


图 2-2 高等级公路绿化组成示意图

#### 2.1.3.1 中央分隔带绿化

中央分隔带亦称中央分车带或中间分车带，是高等级公路主干道路面的重要设施带。其主要功能是使车辆分道行驶，防止或减轻夜间行车车灯对射所产生的眩光，保障高速行驶中车辆的安全。绿化防眩因成本造价低、环保性能强和独特美化效果的特征，国内外 90%以上高等级公路均采用此种防眩光措施。这个部位的绿化，是高等级公路最重要的绿化部位，也是评价路容路貌最直观的内容与指标。主要技术指标：选择适宜的绿化材料（树种），要求耐粗放管理、四季常青；确定经济合理的株（间）距，达到防眩要求；采用有效的栽植形式，绿化效果好；地表空间建植多年生综合草坪，环保性能强；花灌乔间栽点缀，三季有花，美化效果好。

#### 2.1.3.2　边坡绿化

这一部位的绿化面积最大、功能最强，对稳定路基、安全保障，保土保水防止冲刷具有直接作用，但因不具备灌溉条件，立地条件差，因草种选择不当和绿化技术不规范而失败的教训不少。据研究，在草种选择上，当地土生的栽培草优于进口的草坪草，本地适宜绿化的野生草优于栽培草，条播优于撒播，在陕西关中地区秋播优于春播。主要技术指标：种植多年生下繁低矮型草坪绿地，90 天或翌年覆盖度≥80%，根颈以上距地表 5cm 处草层盖度不低于 30%；降雨强度≤4.42mm/h 时，减少径流量≥82.6%，减少冲刷量≥90.1%；全年青绿期达 280 天以上。

#### 2.1.3.3　公路路侧绿化

公路路侧绿化主要是指路堤边坡的中段、边坡下方、排水沟旁、护网内侧、收费广场两侧和立交环岛内等部位的绿化，都是栽植景观树的位置，要根据设计要求和具体情况而定。在有些特殊路段，如立交区匝道的外缘部位，因弯道急、地势险要，也需栽植景观路树。主要技术指标：高速公路的景观路树的栽植，应结合高速公路的特点，按低路堤路段和高路堤路段制定不同的标准。根据已有的绿化经验与体会，一条路的路树栽植可采用多种模式：即路堤垂直高度小于 1.5m 时采用灌木型：灌木+木本花卉；1.5~2.5m 时采用乔灌型：小乔木+灌木间栽；大于 2.5m 时采用乔木型：常绿乔木+落叶乔木间栽。

在高等级公路范围内进行绿化设计被称为高等级公路路体绿化。

其主要是运用一些植物或材料，建设出一个能满足高等级公路交通环境的过程；并具有一定的独立性的，既能满足本区域人们对交通的需求，也包含了社会文化和审美观，具备一定的形态和形式。高等级公路具有自然属性、社会属性和一些特殊的功能性。其自然属性当然是其为高等级公路存在的一种让人们能够感知到的因素，使人们从它的光、形、色、体中能跟其他等级的公路区分的一种客体的存在。其社会属性就是高等级公路能够改善生活环境，能够体现社会文化。其特殊的功能性主要体现在跟一般公路绿化的区别上。除了自然属性和社会属性外，高等级公路绿化还必须满足高等级公路在设计施工等方面的具体一些功能上的要求，比如要保障交通安全、防治水土流失、降低噪音等。

### 2.1.4 华北平原区高等级公路路体绿化的立地条件

所谓的立地条件就是与植物生长相关的各种生态因子的一种统称，主要包括植物成活、生长的外界环境等。土壤、微域小气候及地势地形等立地条件是从园林绿化的角度理解。而土壤的质地以及其透气性、持水性与保水性、肥力和水分情况等因素是所谓的主要的土壤条件，且这些因素通过相互制约、共同作用，形成了影响植物生长发育所需的土壤环境。平均及极端气温、风速及其持续时间、温度、光照以及降水截持能力等因素组成了所谓的微域小气候条件，其主要受地形、地势的影响，作用范围在0.1m到数米不等，通过对生态因子的再次分配与调节来制约或促进植物生长。

#### 2.1.4.1 华北平原区的地理位置

华北平原亦称黄淮海平原，地理位置为32°~40°N，114°~121°E，跨越河北、北京、天津、江苏等省（直辖市），面积为17.933万平方千米。区内多低洼地、湖泊和沼泽地，东部沿海一带出现盐碱化土地。北京位于华北平原的西北边缘，地形以平原为主。

#### 2.1.4.2 华北平原区的地貌

华北平原是华北陆台上的新生代断陷区。地势平坦，因黄、淮、海、滦河泥沙淤积形成冲积平原，海拔大多小于100m，东部沿海小于4m。地势平缓倾斜，从山麓到滨海出现洪积倾斜平原、洪积—冲积扇形平原、冲积平原、冲积—湖积平原、海积—冲积平原、海积平原等地貌类型。

#### 2.1.4.3　华北平原区的气候

该区冬季干燥寒冷，夏季高温多雨，春季干旱少雨，淮河以北是暖温带半湿润或湿润气候，以南是北亚热带湿润气候。年降水量因地域变化，降水年际变化甚大。夏季降水占年降水的 60%，相对变率较大，年均温度和，年降水量由南向北递减。

#### 2.1.4.4　华北平原区的土壤

该区主要为棕壤或褐色土，呈地带性分布，根据土壤形成条件和地域特点，有少量风沙土、盐碱土、沼泽土、黄土和水稻土等。其中，黄潮土耕性良好，肥力丰富，利用率高。东部滨海区有盐潮土。

修建公路时路基、路面采用大量的石灰、粉煤灰、沥青等材料，可导致土壤原结构的改变，并破坏水、气、热的平衡，使土质变得贫瘠。同时，因为路基的抬高，使得地下水位相应降低，且因回填物的结构粗糙，致使土壤毛细孔隙形成困难，影响地下水上升。同时，由于公路是一个车辆的集中通道，车辆的运行造成了区域的局部独特立地条件。

#### 2.1.4.5　华北平原区的植被

该区为暖温带落叶阔叶林带，燕山山麓边缘有旱生、半旱生灌丛或灌草丛和小片落叶阔叶林；南部有马尾松、朴、柘、化香树等乔木，平原路旁以禾本科、菊科、蓼科、藜科等组成的草甸植被为主。沙地、沙丘有沙蓬、虫实、蒺藜等沙生植物。平原上的湖淀洼地有芦苇、荆三棱、华湖瓜草、莲、芡实、菱等水生植物；盐碱地有蒲草、珊瑚菜、盐蓬、碱蓬、莳罗蒿、剪刀股等耐盐植物。

## 2.2　国外相关研究进展

20 世纪三四十年代，一些发达国家如美国、德国、日本等就对公路景观设计进行了理论方面的研究，而且还运用到了实践中，用实践来检验理论。80 年代后期，美国首先开始关注景观生态的问题，经过相关研究，在公路生态建设上有所成就，高速公路的生态研究就有了更多的支持和研究空间。90 年代，随着科技突飞猛进，3S 技术得到了很大的发展，技术更加的完善，研究者也有了更好的研究条件，能更加深入的进行研究，从而使公路建设对生态环境的影响了解得也更彻底，这进一步促进了道路生态学上升到景观学尺度（阎世龙，2008）。1994 年，丹麦首先把道路景观设计作为研究项目进行相关研究，并且还把其作为一种战略目标，详细地制定了一系列的相关方案（杨昌生，1999），使公路绿化向着更加美观、和谐的方向快速发展。这些发达国家在此期间颁布了一些规定：主要有 1965 年美国的《公路美化规定》；1975 年日本的《公路美化技术基准》；1976 年原苏联的《公路建筑和景观设计规划》等（桂玲玲，2008）。这些国外的公路绿化建设管理的经验技术十分值得我们借鉴和学习。

### 2.2.1 美　国

早在 20 世纪三四十年代，美国就已经认识到了在建设公路时需要保持生态环境的平衡，对公路两侧的植物进行恢复。作为公路绿化建设的研究者，Moorish 和 Harrison 在 1993 ~ 1994 年间运用小区试验来进行公路边坡草皮植物的研究，在不同区域播种不同的草，得出进行草皮护坡的理论和技术。

在 1965 年，颁布了公路美化法案（*The Highway Beautification Act of* 1965），而且在美国联邦公路管理条例（*Federal Highway Administration*）中对道路的景观和绿化进行了相关的规定，如在其第五十二章中就规定在进行公路绿化和生态环境恢复中，除了免除规定的一些区域，其他的地区必须使用当地的植物种子进行绿化。在美国交通景观及环境设计指南（*A Guide for Transportation Landscapeand Environmental Design*）中，通过公路建设的生态绿化和景观设计的研究对公路生态景观设计提供了一些切实可用的意见和措施：一般情况下，如果隔离带的宽度超过了 24m 或者是有了安全防护栏则可以考虑栽植新植物，否则不能栽植新木；如果中央分隔带的宽度足够、分离式的地基亦或是有了安全防护栏，则可以留下现有的植物；除非中央分隔带够宽，在 4.5m 以上，否则在车速低于 56km/h 的情况下，中央隔离区域是不能栽植树木的。在选择树种的时候，不能选对中央分隔带有影响的或是危害护栏安全的植物，而且这些植物要在被车辆撞击或是破坏的时候还能够恢复，还要适应粗放型的管理模式；如果公路有护栏，那么植物要栽植在其后；对于立交区则需要进行更加细致全面的设计。现在立交区有一些已形成的自然景观如树木、湿地、溪流等是可以在未来建设中继续保持下去的。进行道路两侧绿化时，建设者对当地土壤等立地条件要进行调查，选择出适宜的植物，还要注意路侧茁壮的本土生长的植物，将其保留，使植物和当地的环境交相辉映。植物在进行栽植配置可以根据自然的植物群落，这样就能和环境更好的协调起来。作为声屏障（sound wall）的植物也是需要进行美化的，在其两侧一定范围的适宜植物生长区域内进行相应的栽植，植物要与当地的环境相适应。在进行公路建设规划时，既要考虑公路基础安全设施的占地面积，又要考虑环境绿化栽植植物的占地面积，防止之间产生矛盾。在选择弃土场时，必须有 30.5m 的林带进行遮掩；在用完后必须将土填回，在此区域栽植植物进行环境恢复。在营造防噪林时，植物要混合运用，既要有常绿植物又要有落叶乔木，既要有乔灌木也要有藤本植物，互相结合；能够在最低的养护成本下达到最大的获益效果。当然在进行植物选择时，要了解每种植物的需水量，这样相同需水量的植物可以栽植在一起并且使用同一个浇水阀门，还能够节约成本。在佛罗里达州也制定了相关规定即公路景观指南（*Florida Highway Landscape Guide*，1995），其中有一些建议和措施：由于公路两侧只种植一种植物容易遭受病虫害的侵害，所以在种植植物时尽量选择一种主要的树种即基调树种，还要夹杂一两种其他的树种，而且每隔一段距离就需要换一种主要树种，这样既美观又不单调还防止病虫害扩散，还可以形成此公路的一种标志性的特征。选择植物时就应该考虑此植物长到最高时的高度，这样才能准确地选出符合要求的植物。在没有特殊情况下，路侧植物不应选择具有毒性的植物，要选择当地土生的植物（国外道路标准规范编译组，2006）。

公路还存在着一定的生态效应，一些景观生态学的研究者已经开始意识到这点并且开始注意了。如 Forman 很关注公路网络的生态效应，做了一部分相应的研究，这些研究表明公路对其周边的生态因子有一定的影响，而这个影响也有一定的范围。在 100m 以外区域的生态因子都会受到影响，而且这些因子被影响的平均范围在600m左右，最高的达到了1000m（刘世梁，2005）。McGarigal（2002）认为在尺度方面，公路对景观格局是有一定影响的，但是这些影响也是有差异的。Davide（2004）的研究结果可以指导规划选线，他运用空间景观指数以及价值功能对线状长廊会影响很多的景观破碎的现象进行了评价。而Madam（2002）却在道路破碎化的研究中找出了一种新的分析方法，他是从两种尺度上进行研究分析的，即区域宏观尺度和地方微观尺度。随着研究的不断深入，在2002年相继出版了《道路生态学影响》《路域生态学—理论及实践》两本关于公路生态学的著作，标志着公路与景观生态学的研究进入了一个全新的阶段（聂丹，2011）。

美国在很久以前就认识到生态环境的重要性，在公路建设中很注意生态恢复，尽量维持着生态环境的平衡，并且在景观功能、生态功能和与周围环境协调功能这几个方面上与生态恢复紧密结合；在进行公路设计中要减少对原来地形、地貌的改变，尽量不要进行深挖或是高填；在进行施工之前，要对地形了解清楚，结合当地的地表径流做好排水系统设计；在施工的过程中，尽量要保护当地的生态环境，最重要是不要对当地的土壤进行干扰或是移动；在建成投入运营以后，仍然需要对当地环境进行评价和分析，及时发现问题早日解决，对建设中的环境保护的措施落实情况做总结分析，最终达到交通环保的总目标。

### 2.2.2 日　本

由于对绿化植物特性认识的逐步加深，日本高速公路的坡面绿化工作也有了较大的进步。以前坡面绿化多采用草本植物，然而在改善环境、生态恢复、管理维护和景观特征方面草本群落均差于木本植物群落，所以这几年木本植物成为主流绿化植物，草本植物常作为辅助，形成了乔、灌、草结合的立体绿化体系（山寺喜成等，1997）。这种绿化方式能保证在喷附一到两个月内完成初步绿化，使绿色覆盖公路边坡，达到相应目的，但是对喷附的绿化材料要求较高，喷附所用材料一般由适合在当地生长的小乔木、灌木或草种、土壤改良剂、防止侵蚀剂、保水剂和腐熟的有机肥料组成。虽然日本很重视边坡绿化技术并取得了较大成就，但其仍存在许多问题（外狩麻子，1998）：只采用惯用的植物种类，不设定具体科学的绿化目标；现实实施、规划设计、绿化目标不一致（周德培等，2003）。

针对公路绿化，日本官方出台了一些规范，如《公路绿化技术基准》《道路景观设计指南》等。其中《道路景观设计指南》指出：要求绿化效果贴近自然，尽量减少人工痕迹。从平面上看，高速公路出入口、休息区、环岛、环境设施区和交叉路口均为栽植区域。从横断面看，道路的栽植区域有车行道边界、人行道、中央分隔带、单侧分隔带、道路边界等。道路边界包括边坡等栽植区域。为使边坡近自然化，常常协调边坡和地域景观，对不同的边坡进行分级，然后再种植自然中有的植物，同时促进野生物种蔓延，提高边坡的稳定性、植被的稳定性和动物对该环境的适应能力。在能够全面眺望特征性地域景观的地方设置休息场所，同时需要强调的是绿化休息场所，重要的是保持总体的自然和谐，而不是最大限度的体现功能效果。而在挡土墙方面，栽植植物要有遮蔽作用，以达到忽隐忽现、若隐若现的效果。对于高架桥、桥梁等需要加强景观效果的地方，要在桥头栽植特种显著树丛，独立木也可以考虑，桥上并不要求栽植植物，而桥墩和桥台要求与周围环境协调，重点在于对植被的恢复。对于道路出入口和交叉路口等需要简单指示物的地方则采用相对简单的方法，只需根据具体地段情况栽植合适高度和密度的指示植物即可。在对环境设施带栽种植物的时候，一定要坚持适地适树的原则首先考虑乡土树种。对于声屏障，可以根据需要在其前面和背面栽植适宜的植物，以保证对其的遮蔽（国外道路标准规范编译组，2006）。

日本官方也高度关注高新绿化技术的研究与开发，针对高速公路边坡治理与绿化进行了大量的研究实验。在整个选线、设计、施工及后期运营和养护过程中，遵循“尊重自然，恢复自然”的理念，尽可能的保证对生态的修复和还原，将对自然的破坏和扰动降到最低。同时，日本对“特殊空间绿化技术”“景观仿真技术”等高新技术的研究投入了大量人力物力，相关部门也十分重视。

### 2.2.3 德 国

德国在公路的建设中受到环境保护和与自然相协调的相关环境保护类的法律的限制，规定在高速公路建设之前就必须做好设计，在建造时不应影响当地的生态环境，注意自然景观的保护，并且规定如果沿线遇到自然景观，此时就需要改变线路避开自然景观。需要破坏的就应该在相对应的地区进行补偿，恢复原来景观或功能，不能减少景观的生态功能，破坏生态环境。破坏了沿路的树木是需要进行补偿的，而且要尽量去维持本地区原来的地形地貌，维持沿线地区的生态平衡。在进行树木补偿时，要了解植物的生物学特性和生理学特性，该区域的立地条件，适地适树，使树木和环境相协调，还要根据补偿区域的地形地貌对植物进行合适的配置，尽量使植物美观多样，并且还要考虑司机的感受。公路的绿化建设就是为其提供安全、舒适和愉快的行驶环境，所以还要使司机人员感觉到舒适，这种设计理念有利于高速公路的景观设计的可持续发展。

公路绿化时，就需要根据当地的自然条件，选择专业的设计单位对公路两侧、中央分隔带、交通立交桥、服务区和停车带进行合理的设计。在植物材料的选择方面，中央分隔带应该选择小型的灌木，最好是两年生的苗木，而不同种类道路两侧的分隔带需要栽种两行树，所选择的植物最好是一年生和三年生的树苗或是胸径达到 16 ~18cm 以上中等高大的树木；公路边坡在建设时边坡的长度、高度都是不一样的，其宽度不限于 2m，在挖的阶段就应该对平台进行绿化（国外道路标准规范编译组，2006）。根据边坡的不同，植物的选择应该不同。当边坡很高的时候，在绿化时注意接近公路的边坡需要种上一些草本植物，而不是乔木或是灌木，因为这样会影响人们的视线，而在距离公路远的地方即草的上方就可以栽植一些灌木（汉斯・路伦茨，1986）。因为自然条件的限制，隔音堤绿化植物必须选择抗性强的矮灌木、地被植物还有藤本植物。在公路拐弯的内侧间距一定要增大一些，即使在很窄小的地方的间隔也不能小于 1m。从保护动物方面，一般在遇到了动物经常出没的地方，则需要设计出能够让动物穿越公路的动物桥或者是别的通道，也要根据动物出没的习惯对动物桥进行绿化，使其跟原来的环境相似（国外道路标准规范编译组，2006）。

德国在建设公路的时候是很注重对周围生态环境的保护，并且还颁布了一系列的规范和法律，要求建设者在公路建造的前期就做好对周边环境的保护计划。

### 2.2.4　法　国

在法国的公路建设中，起着重要双重作用的是专业的线路景观设计师，他们不仅要设计实施方案，还对整个方案实施过程中的监督以及对植物进行配置起了重要的作用。在公路绿化树种的选择上，法国有一系列的评价标准可以进行参考，这些评价标准是适合各种要求的，可以适应对自然环境的抗性，如抗风、抗盐等；还可以适应品质上的美观，如树形、花形、果形等；还有日后的管理上，如长寿、易养护等。同样，法国在公路建设中也是很注重环境保护的，规定了在建设公路的同时要建设动物栖身的地方。从1991年开始，法国设立“金绶带”奖，用来奖励那些在公路建设中能使其与环境相协调方面做出贡献的人（国外道路标准规范编译组，2006），而且每两年颁发一次。

法国在高速公路的景观建设和绿化工程方面有着许多别具一格的特点，在做规划设计时会根据不同路段空间性的差异进行布局，布局的形式由高速公路的动态观赏特点直接决定。在绿化配置方面，尽可能模仿当地自然植物景观，追求较高的植物层次，变化多样同时种类繁多（屠苏丽等，2004）。法国政府规定，其高速路建成之时，景观绿化工作也必须完成，在绵延数千千米的高速公路旁，树木连绵不断，枝繁叶茂，连成一片；草坪翠绿清丽，平铺道路两侧（顾文芸，2003），在森林里驾驶汽车能够给人美的感受。

### 2.2.5　瑞　士

在瑞士的公路建设中，建设者会尽量留下沿线全部的植物，并且以动物的出没路线进行设计，会为动物留出专门的通道，建立专门的跨线桥，还在桥上栽植上原先路线上的植物，为的是动物能够在有遮蔽的环境中出没，确保了动物的活动空间。为了保持动物在移动离群时的生态环境，建设动物临时栖息地是必要的（高速公路从书编委会，2001）。

### 2.2.6 加拿大

加拿大与美国的高等级公路的设计原则是很相似的，要求保持自然和人类的协调的关系，要求尊重自然，在建设公路时不破坏自然环境，能够及时地恢复自然环境。加拿大公路的设计师最主要的思想就是大地景观的设计思想。在公路绿化选择材料时，他们很注重生态管理（ecological management），主要是采用本土植物（indigenous vegetation）而不是运用草坪（lawns），尽可能使公路与自然相融合，这样既给人一种美感，也使绿化在自然生态环境中发挥最大的生态效益（Froment, et al.，2006）。在许多公路的中央分隔带的绿化都是只运用一种植物，而且长度在五六十米的范围内，公路两侧植物的管护范围在 10~15m，而每千米可以达到 6 万~7 万平方米的植物管护面积。在公路建设中为了保护生态平衡，会绕开森林、湿地等这些重要的生态地域（叶慧海，2004）。

### 2.2.7 巴　西

在巴西的公路上行驶，随处可见的是以乔木为主的疏林草地，尤其是在公路两边的绿化带上，都是乔木形成的树林，而且这些乔木栽植地有稀有密的很不规律。比如在一些比较有观赏价值的建筑物所在的地段，乔木就会很少，甚至是就有几棵，来供行人观赏，但是在没有什么建筑物的地方就会栽植很多的乔木，而且乔木的种类很多。巴西的高等级公路的建设不仅是要满足基本的运输的功能，还要有绿化景观的功能，使人们在旅途中愉快舒适安全。在设计时，根据实际路段不同的地形条件和环境，为了保证人们的视线，公路的中央分隔带有宽有窄，在 2~20m 之间。在中央分隔带的中间没有种植茂密高大的乔木，而是一些团状的开花小乔木和景观树。巴西的高速公路上大多是乔木，没有灌木、绿篱和色带，这样的做法符合了低成本维护要求（吴鸿炭等，2006）。

### 2.2.8　其他发达国家

在澳大利亚，公路建设与自然景观相协调，相得益彰，这说明澳大利亚很重视环境。在汽车行驶过程中看到的都是被绿化的景观，除了隔音板根本看不到裸露的土地（郭俊，2005）。在荷兰、比利时等国家里，他们也主张对公路进行绿化，建设人工景观，使高速公路融入自然，并且保护自然，遵守自然规律。由此可见，世界上所有国家的公路绿化，都在向生态绿化转化。

从以上国外发达国家建设公路的绿化方法中可以了解到，高速公路景观的研究技术和方法是多种多样的，在建设中是各个方面相互关联的，如生态学、生物学、美学、地理学、文化、艺术等。而研究的目的就是在建设公路的同时要保护好我们生存的自然环境，保持生态系统的平衡，也为沿线的居民以及行人提供一个良好的环境，使旅途中的人们更加的安全、舒适和愉快（肖笃宁，1990）。

## 2.3　国内相关研究进展

我国在 20 世纪 80 年代就开始了公路的绿化建设，由于当时经济比较落后，对此方面的专业知识了解还不够深入，因此当时的绿化仅仅采用单一的草本植物，且绿化地仅仅局限于边坡。但是这种绿化方式起不到良好的景观效果，且不能永久性地使生态恢复。到了 20 世纪 90 年代，交通部制定了《公路环境保护设计规范》（JTJ/T 006—98）等一系列行业标准，之后公路绿化开始受到各个领域学者的重视，公路绿化的研究进入了快速发展的时期，绿化工作逐渐开始完善。霍琳瑾（1995）经过长期的调查，发现公路绿化不仅具有净化空气、防风护沙、调节小气候的作用，而且高速公路的绿化配置使景观层次得到丰富。孔祥金（1996）提出在规划设计植物的配置时，尽量与周边的环境相协调，减少人工的痕迹，使公路绿化在防护、生态和景观作用上达到最大效益。在前人一系列的影响下，各个领域的学者在围绕景观与生态的协调以及高速公路的可持续发展从配置模式、树种选择、景观设计等方面进行了研究。

国家部门在为公路绿化做规划的同时，也颁布了一些文件，如《公路路基设计规范》（JTGD30—2015）、《公路工程技术标准》（JTG B01—2014）、《公路路基施工技术规范》（JTGF10—2006）、《公路养护技术规范》（JTGH10—2009）、《公路环境保护设计规范》（JTG B04—2010）。而且各级地方政府也在公路绿化方面积极响应，如山西省太原市交通部门制定了农村公路绿化的各项法规，要求在1~3年内实现我国农村公路的绿化，达到绿、洁、安、畅、美的标准。浙江省地方标准《公路绿化设计标准》（试行）（DB33/T216—1998）规定了不同等级及其不同路段的绿化模式。各级部门虽然加强了公路绿化的重视，但在公路绿化树种的选择和不同绿化区域的绿化模式没有做出相应的规范。

国内公路生态环境研究虽然起步较晚，但发展比较迅速。目前国内研究主要包括以下几方面。

（1）公路建设对生态环境影响的研究：在研究高等级公路的建设对本地区生态环境的影响问题上，其评价方法主要从定性、定量、定性与定量相结合这三种方法进行评价。评价的内容主要包括以下几个方面：粉尘、噪声对当地动植物影响，临时性和永久性占地，取弃土场等几个方面。我国学者在公路建设对生态环境影响的评价研究很多。张慧等（2004）对青藏铁路沿线土地利用和景观格局做了初步探讨。钱国超等（2005）采用的景观系统分析方法与RS、GPS、GIS技术结合。周华荣等（2005）用层次分析方法对新疆依吞布拉克——且末段进行研究，建立了公路生态环境风险评价体系。

（2）公路建设对环境影响的研究：在公路的建设时，对植被进行砍伐和农田破坏，改变了原来的生态系统。大量的坡面开挖，使次生裸地的面积大量增加，水土流失现象严重，形成恶性循环，从而导致生态系统退化加重。当公路运营后，大量的粉尘、汽车尾气导致空气、水、土壤污染严重，改变了动植物的生存环境，严重影响其生长发育，甚至整个群落也可能受到影响。李海峰等（2004）对高速公路景观绿化提出了一些建议；张前进等（2006）以水土流失、土地利用和地质灾害等作为评价因子来定量评价环境的破坏和生态恢复的效果。

（3）公路建设对生态恢复的研究：在公路建设对生态恢复的研究上，首先最基础的是路域环境因子的恢复和植被恢复。当恢复实现后，动植物群落、生态系统和景观上的生态恢复也就容易达成了。路域生态区从小范围来说就是公路的绿化，从中尺度上看就是动植物群落的恢复，从大尺度范围来看以生态景观及生态系统结构优化、功能完善为主。

一些学者对公路景观恢复进行了研究探讨。主要包括以下几个方面：首先高速公路生态景观恢复如何选择物种，聂丹（2011）通过对长株潭城际高速公路的植被进行了调查；范玉洁等（2008）通过对保山等地区乡土植物的调查，确立沿线基于生态恢复和景观绿化的乡土植物的选择依据，进而选出合适的植物种类，为构建良好景观和生态系统奠定基础；邓辅唐等（2007）在研究中以具有代表性的公路为实验对象，对单纯植草、灌草结合、乔灌草结合 3 种植被恢复模式进行了相关的研究。而大多数学者认为（顾文芸，2003；范辉，2006；胡圣能，2011），在不违背大自然演替规律的前提下，利用人工辅助的方法进行绿化，其本身具有的恢复力得到发挥，使生态系统尽快的得到恢复。

（4）公路生态管理：对公路的养护管理体现在规划、建设、运营的各个时期。近些年来我国交通部门及环保部门对公路的养护管理日益重视，生态型公路成为趋势。我国学者在生态管理这方面进行了大量的研究，如刘恩先等（2006）开发了高速公路路域绿化管理系统，为公路通道的生态管理提供了便捷，为景观的配置和树木的绿化状况提供了决策依据。

公路景观研究领域是随着公路的出现和发展而逐渐拓宽和加深的，从最初集中研究公路边坡绿化，到研究整个高速公路建设范围内的区域景观（包括中央分隔带两侧预留绿化带、立交互通区、服务区等），再到现阶段对整个高速公路环境体系的研究。由此可见，在高速公路建设的研究中已经扩大了其研究的范围，包含了高速公路两侧的景观研究。

至今，在高速公路两侧建设的研究上主要从景观生态学的角度出发进行类型划分，分类总结景观设计特点和手段，归纳绿化模式，展望未来高速公路两翼的绿化趋势，并针对景观建设过程中出现的弊端，探讨高速公路两翼景观的评价指标和评价方法等（崔崧等，2001；张秀风，2001；邢智远，2007）。崔崧等（2001）从景观生态学的角度出发把高速公路两翼的区域分为自然景观、半自然景观、农田景观、郊区景观和人工建筑景观五种景观类型。张秀风（2001）和邢智远（2007）就高速公路两翼景观的设计手法和特点进行了概括，分别从“科学配置，体现生态功能”“优化选择，突出景观功能”“林草结合，体现游憩功能”“以林养林，发挥适度的商业功能”4个方面进行了阐述，并归纳出了辽宁省广泛运用的七种高速公路两翼绿化模式有水田类绿化模式、平地类绿化模式、池塘及水渠类绿化模式、道路出口类绿化模式、高压线下类绿化模式、丘陵类绿化模式和近城区绿化模式。

在高速公路两翼景观的评价方面，崔崧等（2001）认为应该从美学质量、景观视觉和环境敏感度等3个方面入手。其中，美学质量主要指景观视觉质量，涉及景观审美评判测量、景观构成要素分析、建立景观美学技师评价模型三方面的工作；在景观视觉和环境敏感度评价方面，即人们对其的注意程度上，主要由4个方面决定，即相对坡度、相对距离、出现的机率和醒目程度。

近年来，国内学者将景观视觉敏感研究成果应用范围扩展到道路交通沿线的景观保护规划。袁国林（2002）运用视觉敏感度的理论对公路周围沿线的环境景观进行评价，提出以 $S=0.618$ 为基轴，划分公路周围环境景观视觉敏感度等级。张慧等（2004）基于景观敏感度分析将青藏铁路沿线划分为不同的景观保护级别。王红等(1996)在研究过程中，认为道路环境景观的评价以及在进行景观设计的过程中的基本依据包括公路的环境景观的敏感度评价，而且在进行公路的环境景观的分析和评价时主要从五个方面进行，即路堤和路堑等不一样的道路阶段的不同的相对坡度、周边的景观和道路使用者的距离、景观在人们视线里出现的几率、景观的创新程度和景观的综合敏感度，研究者还把这些原理和方法进行分析，形成了与之相关的数学模型。

同济大学陈雨人等（2006）给出了公路景观敏感区并且提出了

如何较直观地鉴定公路的敏感区域。肖杨等（2002）认为景观是公路环境评价的重点，探讨了景观土地利用和土地覆盖的变化机制。刘滨谊（2013）提出高速通道不止要满足通道的便利性、耐用性、安全性，还需要景观的三元理论，要满足环境绿化、景观环境形象、以及大众行为心理的要求。虽然高速通道的绿化建设必须来源于自然，但在建设中还要超过自然。

在20世纪90年代，随着交通部颁布了《公路建设项目环境影响评价规范》，我国的研究者们开始更加深入地研究探讨公路的建设对生态环境的影响和评价。袁黎等（2007）通过主成分分析和绿化功能分析，提出了高速公路生态绿化的指标体系。刘瑜等（2002）将高等公路的特性与绿化综合评价指数法相结合，提出了高速公路评价因子的分级标准及权重的确定。袁黎等（2006）在分析高速公路绿化功能和绿化内容的基础上，建立了科学的评价指标体系，其中包括了十二个评价指标，可惜这些指标很大一部分只是定性分析缺乏较为系统的定量分析。而魏风虎等（2003）在分析高速公路生态系统评价指标体系的过程中建立了一种高速公路生态系统评价的框架模型。

## 2.4　我国公路绿化中存在的主要问题

目前，我国虽然在公路绿化建设和研究领域取得了很大进步，但仍存在一些问题，具体表现如下。

（1）公路绿化建设目标不明确。我国从事公路绿化的工作人员对公路绿化目的认识不够，还停留在表面层次，认为对路堤边坡、中央分隔带进行美化的目的是加固斜坡、防止水土流失、改善环境、诱导视线。但是，从深层次角度来看，修建公路时对原来景观的破坏，是按照人们的意愿建立而成的，形成新的生态系统是以交通运输为主要作用的。各个生态系统之间都是相互关联，它们之间进行着物质、能源、养分的交换，而在公路为主体形成的生态系统也跟其他系统相互联系，其如果不能从别的生态系统中获得能量便不能正常的进行运转。在今后的公路的建设中应该向着建设生态公路的趋势发展，在公路能正常运行的前提下，最大化地发挥其生态效益。

（2）树种选择不适宜，规划不合理。公路首先必须要保证正常地运行，在此前提下进行绿化，并能使公路周围的生态系统保持稳定，最好能恢复已经被破坏的生态系统，即公路的建设要源于自然并高于自然。在公路绿化规划时，应尽可能的选择本地植物。一是因为利用本地物种方便快捷操作，成活率高、节约成本；二是能够体现当地的地方特色。但是，目前我国公路的绿化趋于相同，用常用树种来进行绿化。另外，规划比较随机没有明确的目标，生态效益不能得到发挥。我国在进行公路绿化时，常常忽视植物的生长规律，忽视长远的效果，只是追求暂时覆盖率等指标。

（3）公路绿化适宜树种方面的评价研究缺乏。在进行公路绿化树种选择时，要了解树种的生物学特性和生态学特性，才能做到适地适树，选出正确的适宜的树种，发挥最佳的生态效益。但是我国在此方面的研究还比较少，缺乏此方面的直接依据，进行树种的选择时比较盲目，所以急需开展公路绿化适宜树种方面的评价研究来为此工作提供理论基础。

（4）公路通道工程绿化中技术方面的应用与研究不够。进行公路绿化的目的是尽快使已经遭到破坏的生态环境得到恢复，建立符合要求的绿色植被体系。保水剂、土工网、液压喷雾、喷混植草等一些新的产品和先进的绿化技术工艺已经被引进用于我国公路的绿化，但是因为我国对此方面的研究还不够深入，对工艺的原理理解还不够透彻，在公路绿化维护的方面经常出现问题，所以开发研究栽培技术也是目前重要的工作之一。

（5）选定何种树种及运用何种绿化模式的系统研究比较匮乏。只有系统地对公路具体路段进行研究，选定最适树种、规划好绿化模式，才能使公路沿线景观效果和生态效益达到最佳状态，实现公路通道生态性、景观性、功能性的完美结合。但在公路绿化中，要选择什么样的植物、什么样的模式来绿化公路至今还没有比较科学的依据来参考，还是需要相关的学者进行更加深入的研究和调查。

（6）忽视了公路通道中针对动物通道的绿化研究。公路通道的建设尤其高速公路的封闭系统阻断了动物在各个生态系统之间的活动。在我国的公路建设过程中虽然也设立了动物通道，但是还没有注意到对其进行绿化，缺乏绿化意识。

(7) 需要进一步转变公路景观设计理念。高速公路的绿化涉及到多个领域，目前国内外并没有专门针对公路景观研究的内容，仅仅是借助城市和园林景观来进行规划。不同学科的学者在做公路绿化方案时，受到其学科概念、思想、体系的影响颇为严重。我们应该以公路通道为载体，将公路通道的特征与这些景观设计结合起来，转变为公路景观的设计理念，为以后公路景观的研究做基础。

(8) 加大生态指标在高速公路景观生态体系中的比重。公路通道在追求经济效益的同时兼顾生态效益，这是社会可持续发展的一个重要的方面。但是，在公路建设中人们大多数仅仅考虑到尽早地实现其经济效益，生态效益往往被忽视，裸露的边坡总是对生态环境造成极严重的影响，所以在公路建设过程中要及早地认识到生态指标在高速公路景观生态体系中的重要性。

(9) 对道路使用者的环境心理分析亟待增加。高速公路修建的目的是能够以人为本满足人们的需求，公路景观的设计同样是为了迎合人们的需求。在进行景观设计时应当加大环境心理的影响分析，体现人与自然的相互影响。不仅仅是只注意空间视觉效果的形式层次，还要将设计区一定范围的自然和生物综合起来，并作为一个宏观系统来研究。

(10) 提高景观方案评价方法的准确性和科学性。各个学者对公路景观的设计理念不同，其绿化方案也各异，没有一个统一的评价方法和科学的定量评价标准，人们仅仅是按照自己的主观意识对公路景观的绿化方案评价，其随意性很大。因此确定合理的评价指标、科学的定量评价标准，在进行高速公路的评价过程中就显得尤为重要。

(11) 三维仿真技术来分析公路景观方案的水平有待提高。在科技发达的今天，我们有必要提前想到利用计算机来建立三维模型对要建设的高速公路景观进行详细的设计。而高速公路的建设讲究的是道路系统和自然环境相结合，不仅仅只局限于设计物的本身，所以如何把所建立的模型和所应用的三维仿真技术应用到公路建设上来并无缝对接是一个很值得关注的话题，也是当今我国高速公路建设的一个方向问题。

总的来说，目前高速公路的绿化工作高低不一，存在很大的盲目性，而关于指导高速公路绿化方面的技术理论则少之又少，因此现在非常需要总结这方面的技术理论，以便于指导全国性的高速公路绿化工作。

## 2.5 研究目的及内容

我国公路建设如火如荼，高等级公路建设比例越来越高，公路绿化任务艰巨，且日益受到人们的关注，被寄予了更高、更多的功能要求。目前公路绿化的研究形势呈现出研究范围广泛但不深入、不系统的特点。本研究目的就是要在查阅相关国内外文献的基础上通过实地调查研究，总结归纳出一套完整、系统的高等级公路路体绿化综合技术体系，促进高等级公路路体绿化在植物选择，中央分隔带、边坡、路侧绿化设计施工，绿化后期养护等关键环节科学、规范。探索建立一套植物物种、植物配置及绿化景观三个方面的评价指标体系，对高等级公路路体绿化效果做出客观、全面的评价。通过一系列研究，为我国高等级公路路体绿化建设提供理论依据和技术支持，为我国高等级公路绿化建设管理者提供决策参考，对我国高等级公路绿化建设具有很好的借鉴指导作用，从而有助于提高我国公路绿化水平，促进我国公路绿化早日跨入国际先进行列。

本研究的主要内容如下：

（1）华北平原区高等级公路路体绿化立地条件研究：调查分析我国高等级公路在绿化建设与国外的差距，并进一步研究我国高速公路绿化建设迫切需要解决的问题。在集成已有研究成果的基础上，基于实际调查分析，以廊涿高速为主要研究对象，从气象因子、土壤因子等两个方面对华北平原区高等级公路路体绿化立地条件进行研究。

（2）华北平原区高等级公路绿化树种评价分析：确定适合高等级公路绿化树种的评价指标，客观地对一些在高速公路上栽植的植物进行评价，对华北平原区公路路体绿化应用的植物物种进行评价分析，提出华北平原区高等级公路绿化植物选择的改进建议。

（3）高等级公路绿化植物配置评价分析：确定高速公路绿化植

物配置的评价指标，构建高等级公路路体绿化植物配置的评价指标体系。对华北平原区京石高速公路河北段路体绿化中植物配置类型进行实例评价分析，提出优化方案。

（4）高等级公路路体景观单元评价分析：引入高等级公路路体绿化景观单元概念，并阐述其内涵，选择确立了评价指标，构建高等级公路路体景观单元评价指标体系，并对京石高速河北段路体景观单元进行划分并评价分析。

（5）高等级公路路体绿化景观绿化效果整体评价指标体系的构建：构建高等级公路路体绿化景观绿化效果整体评价指标体系。对华北平原区某一高速公路路体绿化的景观绿化效果进行整体评价，并提出优化改造建议。

研究主要技术路线，如图 2-3。

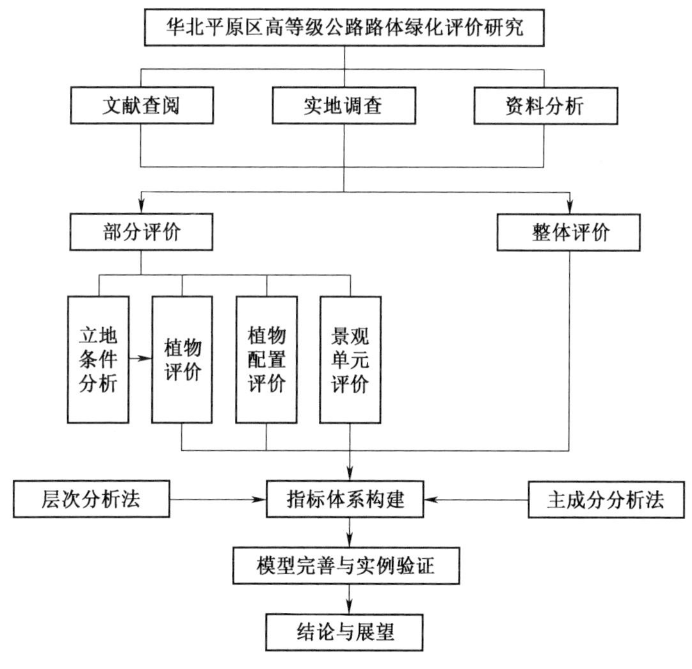


**图 2-3　研究技术路线图**

# 第3章

# 华北平原高等级公路路体绿化立地因子研究

## 3.1 研究区概况

### 3.1.1 位置与范围

1995 年 5 月第一版《中国森林立地类型》(詹昭宁，1995) 根据地域分异原则、科学性和实用性原则、有林地与无林地统一分类原则等要求，并结合我国历年划分立地类型的经验，采用综合多因素分析基础上的主导因素的分区分类的方法将华北平原立地区划分为辽河黄泛平原立地亚区和黄淮平原立地亚区两个亚区（地理位置及范围如图 3-1)。

辽河黄泛平原立地亚区处于 112°26′~123°49′E 、34°50′~42°22′N 之间，北起辽河平原及辽西走廊，南抵郑州、济南和潍坊一带，东临渤海，西邻太行山山麓平原，地跨辽宁、天津、北京、河北、山东、河南 6 省（直辖市）的 180 个县（市），主要包括黄河以北的平原，面积达到了 17. 933 万平方千米，占整个华北平原立地区的 55. 5%。

因本研究涉及的高等级公路全部位于华北平原立地区辽河黄泛平原立地亚区内，为简化表述，本书将采用华北平原区的概念，通俗地特指森林立地分类中的华北平原立地区辽河黄泛平原立地亚区。

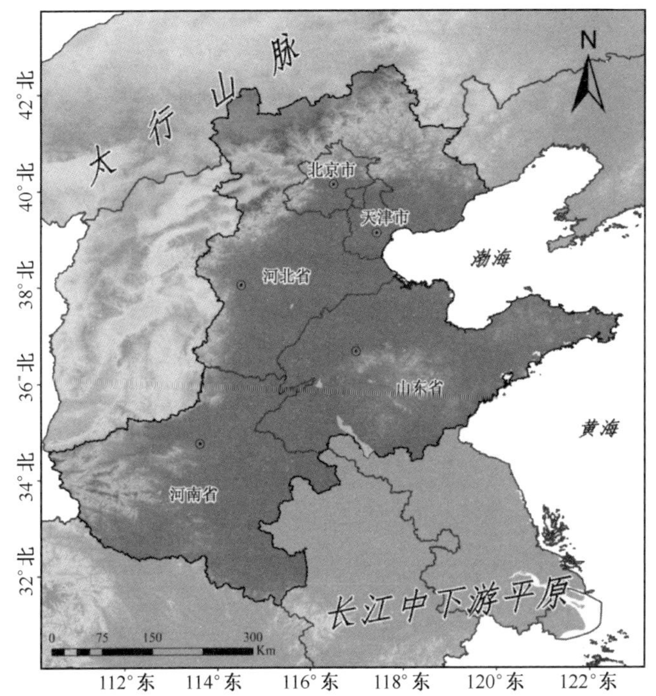


**图 3-1　华北平原立地区地理位置及范围示意图**

### 3.1.2　地质地貌

本区地质地貌属华北地台的河滩台向斜及渤海凹陷的一部分，由于凹陷幅度大，构造表层在历经新生代第三、第四纪的沉积作用后，在平原上堆积了厚达 1000 多米的冲积物。由于各个河流沉积物及堆积情况不同，其总体地貌有所差异，即平原地势自西北部向东南部平缓倾斜，起伏不大，海拔均在 100m 以下，部分沿海平原地区低于 4m。其基底形成于前寒武纪，由深变质的片麻岩、结晶片岩、花岗岩和浅变质的石英岩、板岩及千枚岩等构成。

### 3.1.3　气候条件

本区气候区划属于暖温带，局部地区兼跨中温带。气候冬季寒冷干燥，夏季高温多雨，春季干旱多风。年平均气温为 11.4℃，年日照为 2600~2800h。由于南北纬度跨度大，气候有一定差异。年均降水量由东南向西北递减，介于 500~800mm 之间，平均为 599.1mm，降水量分配严重不均。全年降水总量的 60%以上都在夏季，水热同期，林木生长条件好；但春季降水少，且多风，易发生干旱，不利于林木生长。

### 3.1.4 土壤种类

区内分布最广泛的土壤为潮土，潮土又可分为典型潮土、褐土化潮土、盐碱化潮土和黄潮土，而其中黄潮土分布面积最广，局部洼地地下水位较浅处有盐化潮土分布。辽河平原河滩地上分布着大量的草甸土，也零星分布着盐土和风沙土。

### 3.1.5 植被概况

本区的地带性植被为落叶阔叶林。由于天然植被已被毁坏殆尽，所以主要以人工栽培的刺槐（*Robinia pseudoacacia*）、油松（*Pinus tabulaeformis*）、华北落叶松（*Larix principis-rupprechtii*）、苦楝（*Melia azedarach*）、榆树（*Ulmus pumila*）和侧柏（*Platycladus orientalis*）等为主；主要的灌木为荆条（*Vitex negundo* var. *heterophylla*）、紫穗槐（*Amorpha fruticosa*）、锦鸡儿（*Caragana sinica*）、胡枝子（*Lespedeza bicolor*）、柽柳（*Tamarix*）、酸枣（*Ziziphus jujuba* var. *spinosa*）等；盐化土上尚有少数的翅碱蓬（*Saline Seepweed*）、盐角草（*Salicornia europaea*）等耐盐植被。

### 3.1.6 公路交通

本区交通便利，以北京为中心的铁路、公路、航空等交通方式可与中国各地联通。高等级公路众多，截至 2013 年，华北平原高速公路通车总里程已达 26440km。

本研究的研究对象分别为京石高速公路、石安高速公路、廊涿高速公路，如图 3-2。京石高速公路连接北京和石家庄，建于 20 世纪 80 年代末，属于河北省第一条高速公路，起于北京六里桥，与 107 国道平行，全程约 270km；石安高速公路北起石家庄市滹沱河南畔的

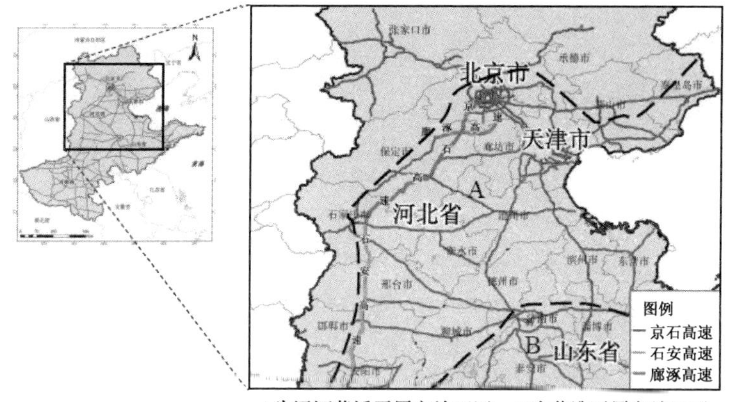


A为辽河黄泛平原立地亚区　B为黄淮平原立地亚区

**图 3-2　华北平原区高等级公路交通示意图**

南高营，南至冀豫省界的芝村，与京石高速公路相衔接，双向四车道，于 1997 年完工，是河北省“八五”期间开工建设的重点工程，全程为 216. 05km；廊涿高速公路起于涿州南的松林店，终于廊坊市的旧州，于 2008 年完工，是河北省高速公路布局规划“五纵六横”中“线 3”的重要组成路段，全程为 58. 4km。

## 3.2　研究方法

### 3. 2. 1　试验区选择

本研究将廊涿高速公路作为华北平原区高等级公路路体绿化立地质量研究试验区。廊涿高速公路路线起自涿州南 8km 处的松林店，经林家屯、京石高速、北高官庄、柳河营南、大清河、固安县东湾、苏家桥、吉城（大广高速）、106 国道、知子营、永定河、北寺堡终于廊坊市的旧州，路线全长 58. 4km，为双向四车道高速公路，设计速度 120km/h。

廊涿高速公路引入美国新泽西州中央隔离带即新泽西式砼护栏。中央隔离带砼护栏高 100cm，总宽度为 90cm，两边水泥槽宽 50cm，槽内填土高 60~80cm。砼护栏为三面连体式，即两侧面和下面是一个整体结构，这种结构虽然有利于行车安全，但是不利于植物从土壤的深处吸收水分，而且如果夏季连续降雨，也不利于水分的下渗。中央隔离带具体尺寸，如图 3-3。

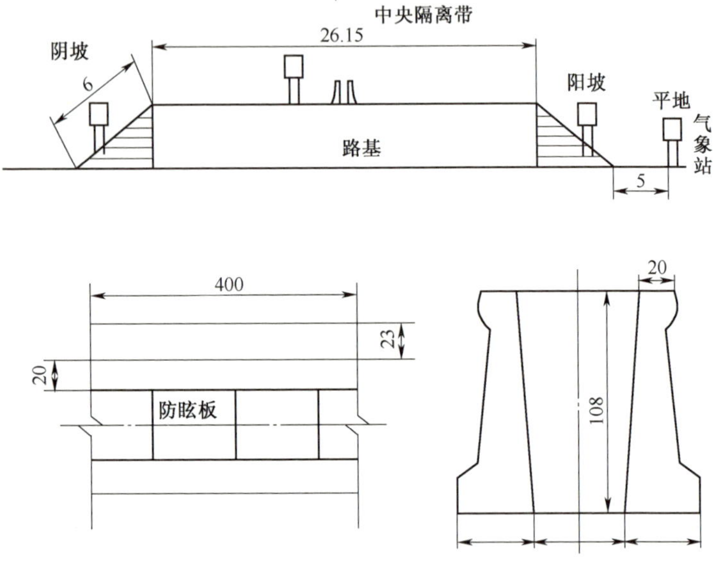


**图 3-3 廊涿高速公路断面图及中央隔离带断面图**

（单位：m）

### 3.2.2 气象数据观测

数据来源主要通过设立试验点定位观测典型地形条件下的实测数据，同时查阅试验区的相关气象资料，以及参考国内外研究成果。

#### 3.2.2.1 试验点的设定

试验点分为长期定位观测和不同地形下的风速观测。

长期定位观测试验点位于廊涿高速固安县段。在公路路体 4 个典型地形分别设立阴坡观测试验点（Ⅰ）、阳坡观测试验点（Ⅱ）、中央分隔带观测试验点（Ⅲ）、路侧观测试验点（Ⅳ）。试验点的实验仪器主要有 Vantage Pro2 自动气象站，长期自记温湿度计（E-151-03 型）和 Quartz 自计地温计（7d 型），通过 12 个月（2012 年 6 月至 2013 年 5 月）长期不间断定位观测，提供降水量、蒸散量、温度、湿度、太阳辐射、风速、地温等气象因子的实测数据。

不同地形下的风速变化观测试验选取的试验区要具有代表性，所以其主要选择空旷地、高速公路路面及内外、高速公路边坡下、林地边缘等区域进行测量，而风速的观测高度分别为 2m 和 1m。

#### 3.2.2.2　观测时间及数据处理

太阳辐射、蒸散量、地温、空气的温度和湿度、降水量、土壤水分含量、风速连续定位观测，除土壤水分含量外其余都是每隔 1 小时测量一次。太阳辐射的测量为期间的典型晴日。将土壤水分含量、风速、空气的温度和湿度、地温的月平均值和太阳辐射日总量和月总量还有降水量和蒸散量的月总量做最终数据分析。

### 3.2.3　土壤调查分析

高速公路土壤客土多，受扰动大，水、气、热不均衡，养分少，土质贫瘠。同时，由于路基抬高，地下水位相应降低，再加之回填物结构较粗，难以形成土壤毛细管，影响地下水的上升，所以也将对土壤理化性质进行研究。

#### 3.2.3.1　样品采集

2012 年 6 月，分别在廊涿高速 4 个典型地形试验点设样地。在所设置的每一个样地中，挖掘两个及两个以上的土壤剖面。其规格如下：长约为 1.5m，宽约为 0.7m，深约为 1.0m，主要根据立地条件来确定剖面的大小。然后分层采取土样，由下而上分别为 30~60cm、10~30cm、0~10cm，取样时注意要均匀。将采集的土样按照分层装入已编号的保鲜袋，总重约为 1kg。使用环刀采集原状土并测定土壤中的含水率、孔隙度、机械组成及容重等指标。将所有土壤样品均带回北京林业大学并进行土壤理化性质测定。测定指标有速效 P、速效 K、全 N、土壤容重、有机质、机械组成、土壤孔隙率、土壤含水率、pH 值等。

#### 3.2.3.2　分析化验

土壤物理性质测定：土壤含水率、土壤容重、土壤孔隙度、土壤机械组成。土壤化学性质测定：土壤 pH 值、土壤有机质与碳氮比、土壤全氮、土壤速效磷和速效钾。

## 3.3 立地因子分析

### 3.3.1 气象因子

#### 3.3.1.1 降水、蒸散与风

廊涿高速公路绿化区域降水及蒸散年内变化状况，如图3-4。

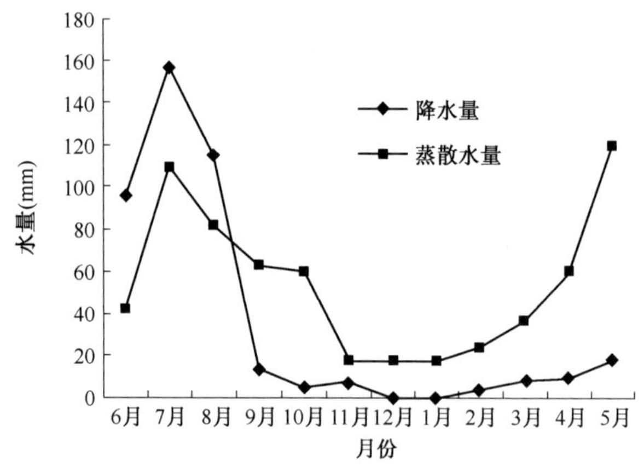


**图3-4 试验区降水、蒸散年内变化（2012.06~2013.05）**

由图3-4可以看到，月降水量最大的是7月份，为159.6mm，月降水量最小的是12月份、1月份，为0；降水总量为464.55mm；降水量主要集中在6、7、8三个月份，3个月份达到了降水总量的80.35%；有5个月份的降水量低于10mm，分别是12月、1月、2月、10月和3月。

月蒸散量最大的是5月份，为112.7mm，月蒸散量最小的是1月份，为21.5mm，蒸散总量为704.4mm，蒸散月变化整体呈现为1~5月份逐步增加，7~11月份逐步减少。11月、12月、1月等3个月份蒸散量处于低位。试验区月降水量与蒸散量差值最大的是5月份，蒸散量大于降水量100.9mm，差值最小的是11月份，蒸散量大于降水量11.8mm。降水量大于蒸散量的月份只有6、7、8三个月份，其余9个月份均是蒸散量大于降水量。试验区降水总量小于蒸散量，相

差 239.85mm。

廊涿高速公路绿化区域平均风速年内变化状况，如图 3-5。

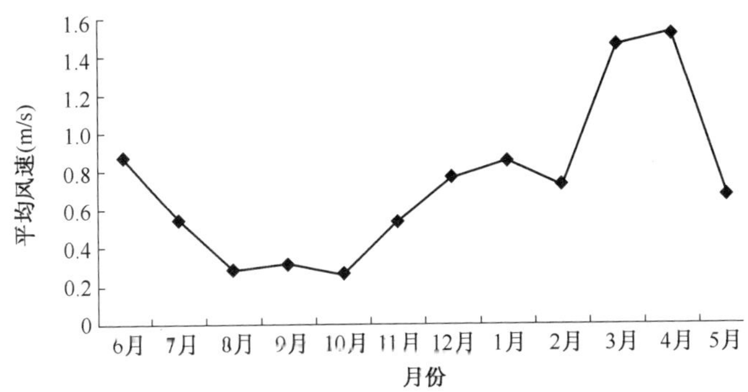


**图 3-5 试验区风速年内变化（2012.06~2013.05）**

由图 3-5 可以看到，试验区月平均风速最高值出现在 4 月，其平均风速可达 1.52m/s，最低值出现在 10 月，为 0.26m/s。月平均风速值超过 1m/s 的月份有 3 月份和 4 月份，月平均风速值在 0.5~1m/s 的月份有 7 个，分别是 6 月、7 月、11 月、12 月、1 月、2 月和 5 月份。月平均风速值低于 0.5m/s 的月份有 3 个，分别是 8 月、9 月和 10 月份。

#### 3.3.1.2 太阳辐射

路体绿化各立地条件类型太阳总辐射的日变化。经试验区实测、计算，廊涿高速试验区 4 个测试点太阳总辐射日变化，如图 3-6。

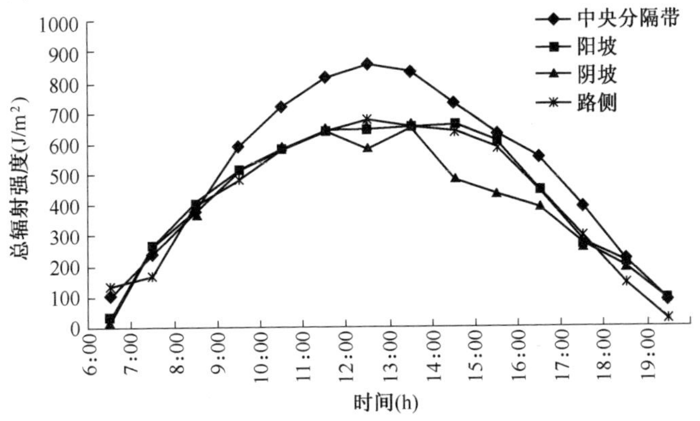


**图 3-6 路体绿化各立地条件类型太阳总辐射日变化（2012.06）**

由图 3-6 可以看出，4 个典型地形的太阳总辐射变化曲线成明显“钟”型。在 12：00~13：00 均达到了最大值。中央分隔带总辐射强度最大值为 859J/m$^2$，阳坡总辐射强度最大值为 665J/m$^2$，阴坡总辐射强度最大值为 650J/m$^2$，路侧总辐射强度最大值为 677J/m$^2$，其排序为：中央分隔带>路侧>阳坡>阴坡；中央分隔带辐射强度最大值比阴坡总辐射强度最大值多 209J/m$^2$，达到 32.15%。经计算，中央分隔带日单位总辐射量达到 21471kJ/m$^2$，阳坡日单位总辐射量达到 18210kJ/m$^2$，阴坡日单位总辐射量达到 16431kJ/m$^2$，路侧日单位总辐射量达到 17553kJ/m$^2$；其排序为：中央分隔带>阳坡>路侧>阴坡；中央分隔带日单位总辐射量比阴坡日单位总辐射量多 5040kJ/m$^2$，达到 30.67%。

路体绿化各立地条件类型太阳总辐射的年内变化。经试验区实测、计算，廊涿高速试验区 4 个测试点太阳总辐射年内变化，如图 3-7。

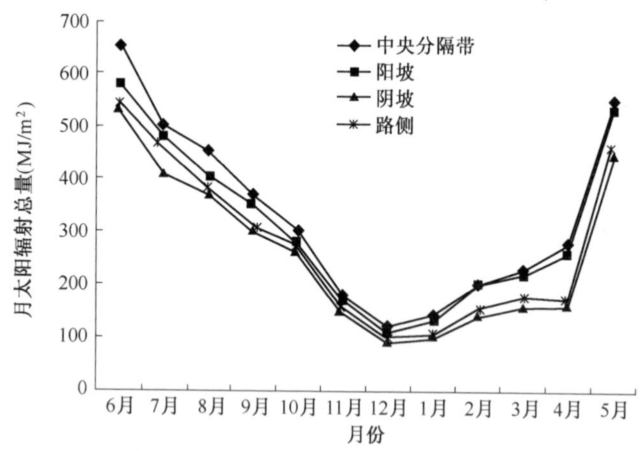


**图 3-7　路体绿化各立地条件类型太阳总辐射的年内变化（2012.06~2013.05）**

由图 3-7 可以看出，4 个典型地形的太阳总辐射年内变化规律差异不明显。5、6 月份太阳总辐射值达到最高，12 月、1 月份太阳总辐射值为最低。月太阳辐射总量排序为中央分隔带>阳坡>路侧>阴坡。4 种典型地形太阳总辐射月总量 6~12 月逐月减少，1~5 月逐月增加，总体呈现反抛物线形状。

#### 3.3.1.3　气　温

路体绿化各立地条件类型气温的日变化。廊涿高速试验区 4 个测试点 6 月平均气温变化，如图 3-8。

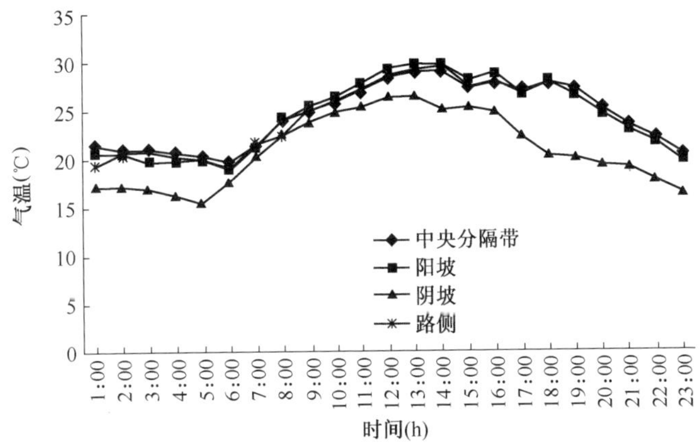


**图 3-8　路体绿化各立地条件类型气温的日变化（2012.06）**

由图 3-8 可以看到，在 4 个典型地形测试点中，阳坡气温最高值最大，为 29.7℃；阴坡气温最高值最小，为 26.5℃，二者相差 3.2℃，差距明显。4 种典型地形测试点气温最高值排序为：阳坡>中央分隔带>路侧>阴坡。其中，阳坡、中央分隔带及路侧的日气温最高值较接近，差距不明显；阴坡日气温最低值最小，为 15.4℃；中央分隔带日气温最低值最大，为 19.7℃，二者相差 4.3℃，差异显著。4 种典型地形测试点气温最低值排序为：阴坡<阳坡<路侧<中央分隔带。其中，阳坡、路侧及中央分隔带的日气温最低值较接近，差距不明显。

图 3-8 显示出阳坡、阴坡、路侧和中央分隔带 4 个典型地形条件，气温的变化规律较一致。日气温最高值一般出现在 12：00～14：00，日气温最低值一般出现在 5：00～7：00。一般气温上升速度明显快于气温下降的速度。阳坡比阴坡气温高，且差异明显，阳坡、路侧及中央分隔带气温差异不明显。

路体绿化各立地条件类型月平均气温的年内变化。廊涿高速试验区 4 个测试点气温年内变化，如图 3-9。

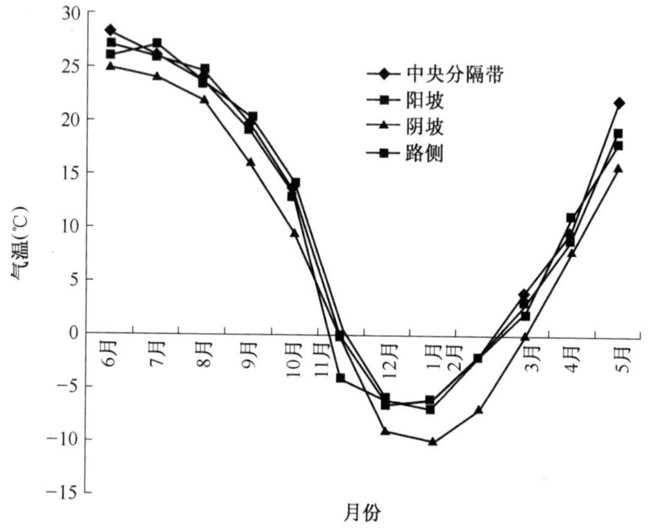


**图 3-9　路体绿化各立地条件类型月平均气温年内变化（2012.06~2013.05）**

由图 3-9 可以看到，在 4 种典型地形条件下，中央分隔带月平均气温最大值最高，为 28.6℃；阴坡月平均气温最大值最低，为 25.5℃；二者相差 3.1℃，差距明显。4 种典型地形条件月平均气温最大值排序为中央分隔带>阳坡>路侧>阴坡；阴坡月平均气温最小值最低，为-8.6℃，路侧月平均气温最小值最高，为-5.7℃。二者相差 2.9℃，差距较为明显。4 种典型地形条件月平均气温最小值排序为阴坡<中央分隔带<阳坡<路侧；4 种典型地形条件，月平均气温差分别是中央分隔带 34.7℃、阳坡 33.7℃、阴坡 34℃、路侧 33.4℃，差别不明显。

图 3-9 显示，4 种典型地形条件月平均气温变化规律均呈现 6~12 月份月平均气温逐渐降低，1~5 月份月平均气温逐渐升高的趋势。且中央分隔带、阳坡、路侧变化相近。月平均气温最大值出现在 6、7 月份，月平均气温最小值出现在 1 月份。

在全年观测数据中显示，极端气温均出现在中央分隔带试验点，极端高温达到了 39.7℃，极端低温为-26.1℃，二者相差 65.8℃。

#### 3.3.1.4　空气湿度

路体绿化各立地条件类型空气湿度的日变化。廊涿高速试验区 4 个典型区域空气湿度日变化情况，如图 3-10。

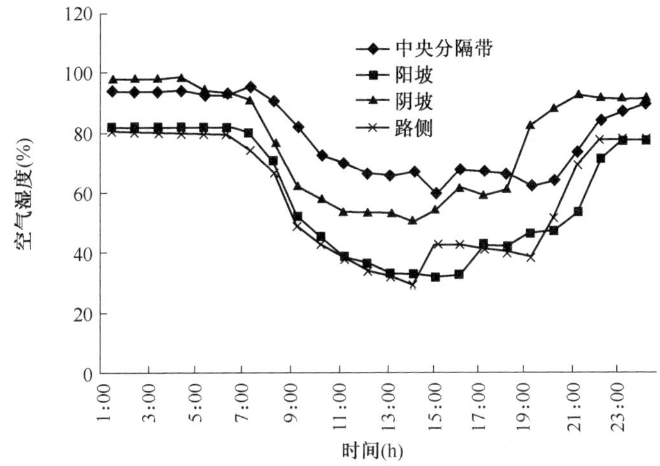


**图 3-10　路体绿化各立地条件类型空气湿度的日变化（2012.06）**

由图 3-10 可以看到，在 4 个典型地形条件下，日空气湿度最高值最大的是阴坡 4：00 的空气湿度，为 98.50%；日空气湿度最高值最小的是路侧 1：00 的空气湿度，为 80.50%；二者相差 18 个百分点，差距明显。在 4 个典型地形条件下，日空气湿度最低值最小的是路侧 14：00 的空气湿度，仅有 28.70%；日空气湿度最低值最大的是中央分隔带 15：00 的空气湿度，为 59.30%；二者相差 30.6 个百分点。总体趋势来看，4 种典型地形条件下，日空气湿度变化呈现 1：00~7：00 为各典型地形条件下的空气湿度最高的时段，且差异变化不明显。8：00~14：00 为各典型地形条件下的空气湿度快速降低的时段，在 14：00~15：00 为日空气湿度变化的最低值。15：00~24：00 时段各典型地形条件下的空气湿度逐渐上升。

路体绿化各立地条件类型空气湿度年内变化。廊涿高速试验区 4 个典型区域空气湿度年内变化情况，如图 3-11。

由图 3-11 可以看出，在 4 个典型地形条件下月平均空气湿度最高值最大的是中央分隔带 8 月份的平均空气湿度，为 82.10%；月平

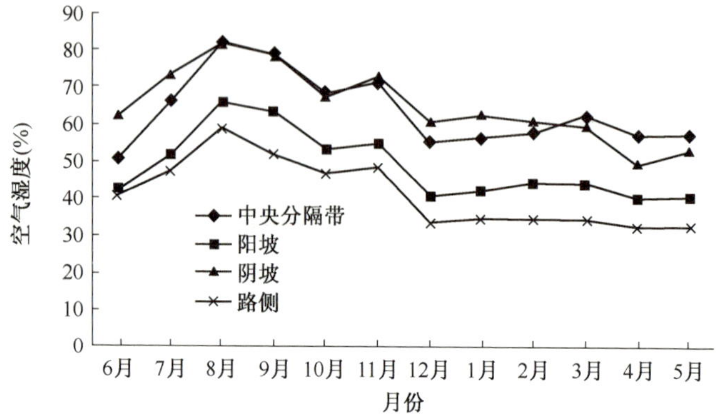


**图 3-11 路体绿化各立地条件类型月平均空气湿度年内变化（2012. 06~2013. 05）**

均空气湿度最高值最小的是路侧 8 月份的平均空气湿度，为 58. 80%；二者相差 23. 30 个百分点，差距明显。在 4 个典型地形条件下，月平均空气湿度最低值最小的是路侧 4 月份的平均空气湿度，仅有 32. 40%；月平均空气湿度最低值最大的是中央分隔带 6 月份的空气湿度，为 55. 30%；二者相差 22. 9 个百分点，差异明显。

总体趋势来看，4 种典型地形条件下，月平均空气湿度变化规律大致趋于一致，但存在一定的差异。阳坡与路侧月平均空气湿度变化接近一致，6~8 月平均空气湿度快速上升，8 月份达到月平均空气湿度最高值，9~12 月平均空气湿度快速下降。1~5 月平均空气湿度较平稳，只有小幅变化。月平均空气湿度最低值均出现在 4 月份。阳坡月平均空气湿度整体高于路侧 10 个百分点。中央分隔带与阴坡月平均空气湿度变化重合较高。6~12 月月平均空气湿度与其他两种地形条件变化相同，最高值出现在 8 月份，1~5 月月平均空气湿度变化波动较大。月平均空气湿度最低值出现在 4 月份。

### 3. 3. 2 土壤因子

#### 3. 3. 2. 1 土壤温度

路体绿化各立地条件类型月平均地温的年内变化。通过廊涿高速试验区测定，不同绿化区域月平均地温变化，如图 3-12 至图 3-15。

由图 3-12 可以看到，阳坡测试点 10cm 月平均地温最大值为

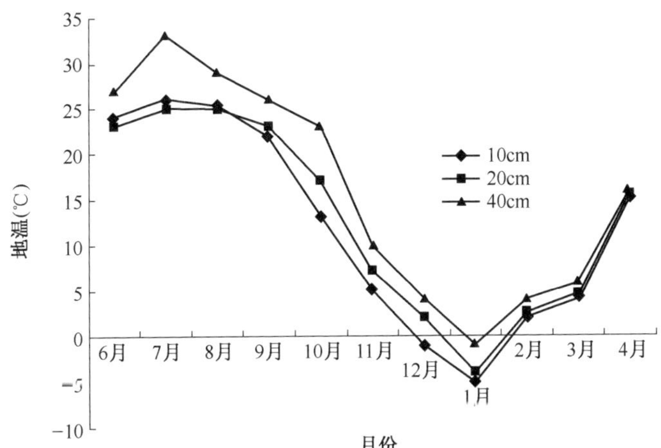


**图 3-12　阳坡测试点月平均地温的年内变化（2012. 06~2013. 05）**

26. 8℃，出现在 7 月份；月平均地温最小值为-4. 3℃，出现在 1 月份；温差为 31. 1℃。20cm 月平均地温最大值为 25. 6℃，出现在 7 月份；月平均地温最小值为-3. 5℃，出现在 1 月份；温差为 29. 1℃。阳坡测试点 40cm 月平均地温最大值为 34. 4℃，出现在 7 月份；月平均地温最小值为-0. 6℃，出现在 1 月份；温差为 35℃。月平均地温最大值排序为 40cm>10cm>20cm，月平均地温最小值排序为 10cm<20cm<40cm，月平均地温温差排序为 40cm>10cm>20cm。阳坡 3 处月平均地温变化趋势大体相同，只是略有区别。7 月至翌年 1 月地温呈下降趋势，1~6 月地温呈上升趋势，且变化明显。全年中 1 月份的阳坡 3 处地温以及 12 月份阳坡 10cm 处地温低于 0℃。

由图 3-13 可以看到，路侧测试点 10cm 月平均地温最大值为 31. 8℃，出现在 7 月份；月平均地温最小值为-3. 9℃，出现在 1 月份；温差为 35. 7℃。20cm 月平均地温最大值为 28. 2℃，出现在 7 月份；月平均地温最小值为-2. 2℃，出现在 1 月份；温差为 30. 4℃。40cm 月平均地温最大值为 29. 6℃，出现在 7 月份；月平均地温最小值为-0. 6℃，出现在 1 月份；温差为 30. 2℃。月平均地温最大值排序为 10cm>40cm>20cm，月平均地温最小值排序为 10cm<20cm<40cm，月平均地温温差排序为 10cm>20cm>40cm。路侧 3 处月平均

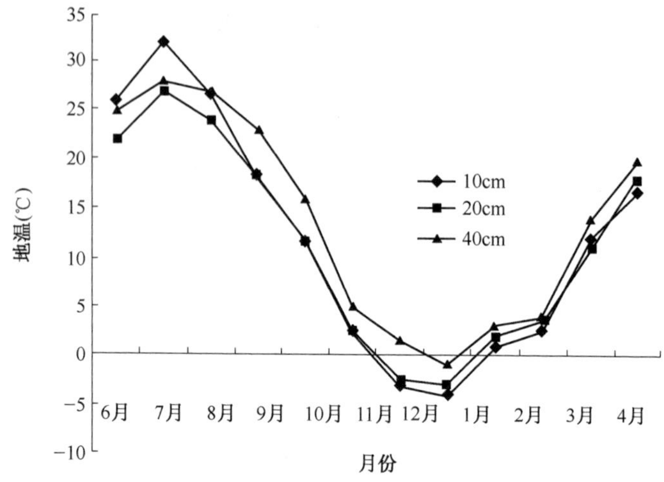


**图 3-13 路侧测试点月平均地温的年内变化（2012.06~2013.05）**

地温变化趋势大体相同，只是略有区别。7 月至翌年 1 月地温呈下降趋势，1~6 月地温呈上升趋势，且变化明显。全年中 1 月份的路侧 3 处地温及 12 月份 10cm 处、20cm 处地温低于 0℃。

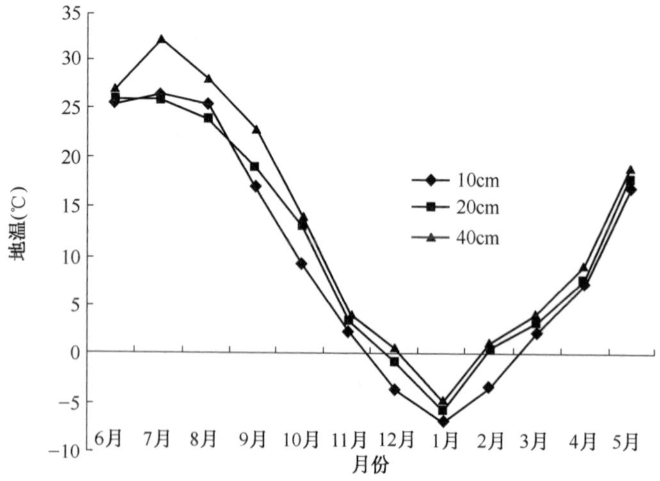


**图 3-14 阴坡测试点月平均地温的年内变化（2012.06~2013.05）**

由图 3-14 可以看到，阴坡测试点 10cm 月平均地温最大值为 27.3℃，出现在 7 月份；月平均地温最小值为-6.1℃，出现在 1 月份；温差为 33.4℃。20cm 月平均地温最大值为 26.8℃，出现在 7 月份；月平均地温最小值为-4.3℃，出现在 1 月份；温差为 31.1℃。40cm 月平均地温最大值为 32.2℃，出现在 7 月份。月平均地温最小值为-3.5℃，出现在 1 月份；温差为 35.7℃。月平均地温最大值排序为 40cm＞10cm＞20cm，月平均地温最小值排序为 10cm＜20cm＜40cm，月平均地温温差排序为 40cm>10cm>20cm。阴坡 3 处月平均地温变化趋势大体相同，只是略有区别。7 月至翌年 1 月地温呈下降趋势，1~6 月地温呈上升趋势，且变化明显。全年中 1 月份的阴坡 3 处地温及 12 月份、2 月份的 10cm 处、20cm 处地温低于 0℃。

由图 3-15 可以看到，中央分隔带测试点 10cm 月平均地温最大值为 30.7℃，出现在 6 月份；月平均地温最小值为-4.5℃，出现在 1 月份；温差为 35.2℃。20cm 月平均地温最大值为 29.2℃，出现在 6 月份；月平均地温最小值为-4.2℃，出现在 12 月份；温差为 33.4℃。40cm 月平均地温最大值为 33.1℃，出现在 7 月份；月平均地温最小值为-5.7℃，出现在 1 月份；温差为 38.8℃。月平均地温最大值排序为 40cm>10cm>20cm，月平均地温最小值排序为 40cm<10cm<20cm，月平均地温温差排序为 40cm>10cm>20cm。中央分隔带 3 处月平均地温变化趋势大体相同，只是略有区别。10cm 处地温 6

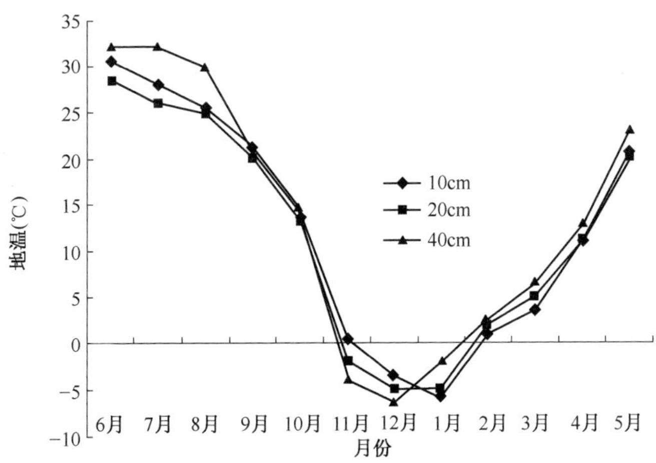


**图 3-15　中央分隔带测试点月平均地温的年内变化（2012.06~2013.05）**

月至翌年1月地温呈下降趋势，1~6月地温呈上升趋势，且变化明显。20cm处地温6~12月地温呈下降趋势，12月至翌年6月地温呈上升趋势，且变化明显。40cm处地温7~12月地温呈下降趋势，12月至翌年7月地温呈上升趋势，且变化明显。全年有12月份、1月份的中央分隔带3处地温及11月份的20cm处、40cm处地温低于0℃。

路体绿化各立地条件类型不同土层深度土壤温度月变化。根据廊涿高速观测点数据，3种不同土壤深度土壤月变化情况，如图3-16至图3-18。

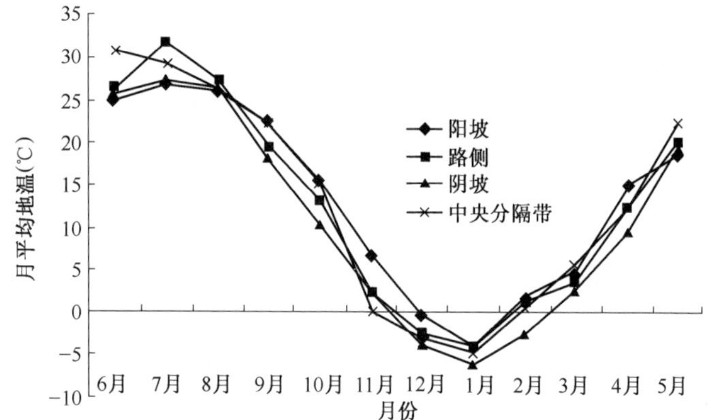


**图3-16　10cm深4种立地条件类型下测试点月平均地温的年内变化（2012.06~2013.05）**

10cm土层深度下的4种区域月平均地温变化比较：

由图3-16可知：在10cm处阳坡测试点月平均地温最大值为26.8℃，出现在7月份；月平均地温最小值为-4.3℃，出现在1月份；温差为31.1℃。路侧测试点月平均地温最大值为31.8℃，出现在7月份；月平均地温最小值为-3.9℃，出现在1月份；温差为35.7℃；阴坡测试点月平均地温最大值为27.3℃，出现在7月份；月平均地温最小值为-6.1℃，出现在1月份；温差为33.4℃。中央分隔带测试点10cm月平均地温最大值为30.7℃，出现在6月份；月平均地温最小值为-4.5℃，出现在1月份；温差为35.2℃。月平均地温最大值最高的是路侧，最低的是阳坡，二者相差5℃，差距明显。其排序为路侧>中央分隔带>阴坡>阳坡，且路侧与中央分隔带相近，阴坡与阳坡相近；月平均地温最小值最低的是阴坡，最高的是路侧，二者相差 2.2℃，差距明显。其排序为阴坡<阳坡<中央分隔带<路侧，且路侧、中央分隔带、阳坡相近，阴坡与其有明显差别。月平均地温温差值最高的是路侧，最低的是中央分隔带，二者相差 5℃，差距较为明显。其排序为路侧>阴坡>阳坡>中央分隔带，且路侧与阴坡相近，中央分隔带与阳坡相近。

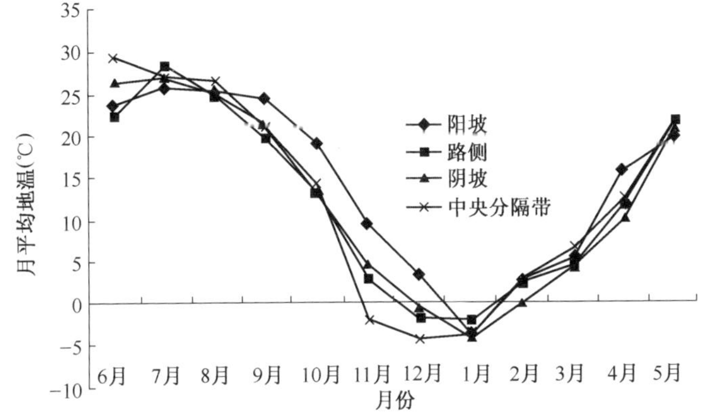


**图 3-17　20cm 深 4 种立地条件类型下测试点月平均地温的年内变化（2012.06~2013.05）**

由图 3-17 可知：在 20cm 处阳坡测试点月平均地温最大值为 25.6℃，出现在 7 月份；月平均地温最小值为−3.5℃，出现在 1 月份；温差为 29.1℃。路侧测试点月平均地温最大值为 28.2℃，出现在 7 月份；月平均地温最小值为−2.2℃，出现在 1 月份；温差为 30.4℃。阴坡测试点月平均地温最大值为 26.8℃，出现在 7 月份；月平均地温最小值为−4.3℃，出现在 1 月份；温差为 31.1℃。中央分隔带测试点月平均地温最大值为 29.2℃，出现在 6 月份；月平均地温最小值为−4.2℃，出现在 12 月份；温差为 33.4℃。月平均地温最大值最高的是中央分隔带，最低的是阳坡，二者相差 3.6℃，差距较为明显。其排序为中央分隔带>路侧>阴坡>阳坡，且相邻二种典型地形条件下的月平均地温最大值差距较为均匀；月平均地温最小值最低的是阴坡，最高的是路侧，二者相差 2. 1℃，差距明显。其排序为阴坡<中央分隔带<阳坡<路侧，且阴坡、中央分隔带相近，与阳坡、路侧有明显差别。月平均地温温差值最高的是中央分隔带，最低的是阳坡，二者相差 4. 3℃，差距较为明显。其排序为中央分隔带>阴坡>路侧>阳坡。

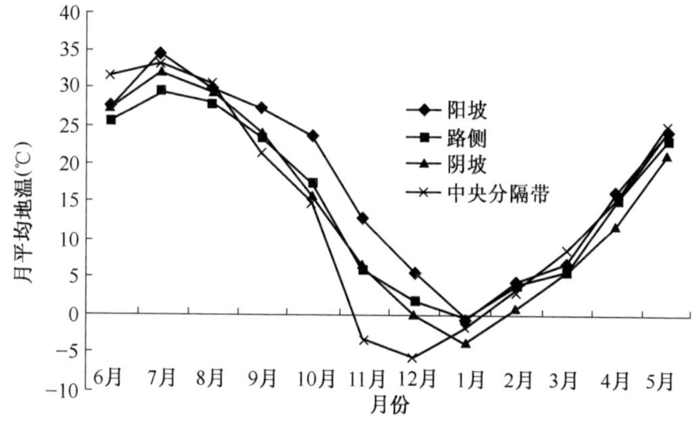


**图 3-18 40cm 深 4 种立地条件类型下测试点月平均地温的年内变化（2012. 06~2013. 05）**

由图 3-18 可知：在 40cm 处阳坡测试点月平均地温最大值为 34. 4℃，出现在 7 月份；月平均地温最小值为−0. 6℃，出现在 1 月份；温差为 35℃。路侧测试点月平均地温最大值为 29. 6℃，出现在 7 月份；月平均地温最小值为−0. 6℃，出现在 1 月份；温差为 30. 2℃。阴坡测试点月平均地温最大值为 32. 2℃，出现在 7 月份；月平均地温最小值为−3. 5℃，出现在 1 月份；温差为 35. 7℃。中央分隔带测试点月平均地温最大值为 33. 1℃，出现在 7 月份；月平均地温最小值为−5. 7℃，出现在 1 月份；温差为 38. 8℃。月平均地温最大值最高的是阳坡，最低的是路侧，二者相差 4. 8℃，差距明显。其排序为阳坡>中央分隔带>阴坡>路侧，且相邻两种典型地形条件下的月平均地温最大值差距较为均匀；月平均地温最小值最低的是中央分隔带，最高的是阳坡、路侧，二者相差 5. 1℃，差距明显。其排序为中央分隔带<阴坡<阳坡、路侧，且阳坡、路侧相同，与阴坡、中央分隔带

有明显差别。月平均地温温差值最高的是中央分隔带，最低的是路侧，二者相差 8. 6℃，差距显著。其排序为中央分隔带>阴坡>阳坡>路侧。

### 3. 3. 2. 2　土壤水分

试验区 4 个不同典型地形条件下测试点不同深度土壤水分月变化，如图 3-19 至图 3-22。

由图 3-19 至图 3-22 可以看到，阳坡测试点 0～10cm 月土壤含水量最大值为 11. 83%，出现在 11 月份；月土壤含水量最小值为 3. 61%，出现在 5 月份；二者相差 8. 22 个百分点。10～20cm 的月土壤含水量最大值为 13. 94%，出现在 11 月份；月土壤含水量最小值为 6. 02%，出现在 5 月份；二者相差 7. 92 个百分点。20～40cm 月土壤含水量最大值为 14. 82%，出现在 8 月份；月土壤含水量最小值为 8. 92%，出现在 5 月份；二者相差 5. 9 个百分点。月土壤含水量最大值排序为 20～40cm>10～20cm>0～10cm，月土壤含水量最小值排序为 0～10cm<10～20cm<20～40cm，月土壤含水量值差排序为 0～10cm>10～20cm>20～40cm。阳坡 3 处月土壤含水量值均呈现为 0～10cm 处土壤含水量最小。

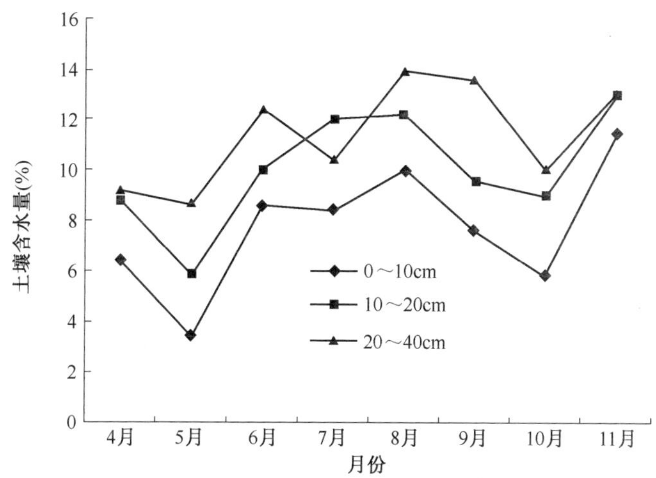


**图 3-19　试验区阳坡测试点不同深度土壤水分月变化**

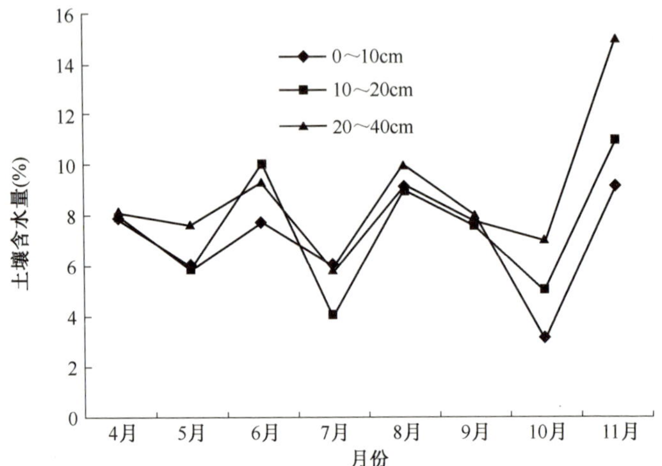


**图 3-20 试验区路侧测试点不同深度土壤水分月变化**

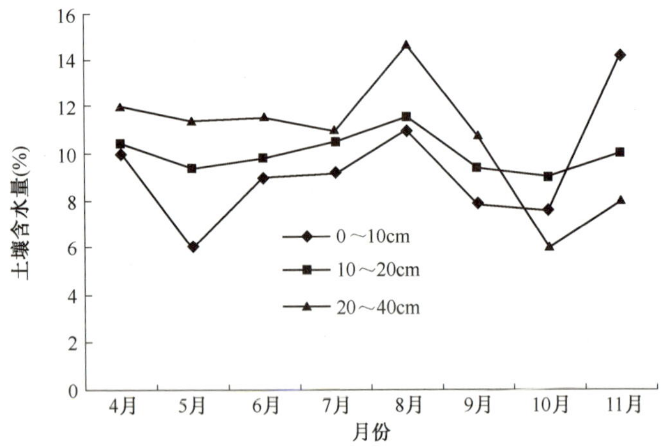


**图 3-21 试验区阴坡测试点不同深度土壤水分月变化**

路侧测试点 0～10cm 月土壤含水量最大值为 10.73%，出现在 8 月份；月土壤含水量最小值为 4.21%，出现在 10 月份；二者相差 6.52 个百分点。10～20cm 月土壤含水量最大值为 12.03%，出现在 11 月份；月土壤含水量最小值为 4.21%，出现在 7 月份；二者相差

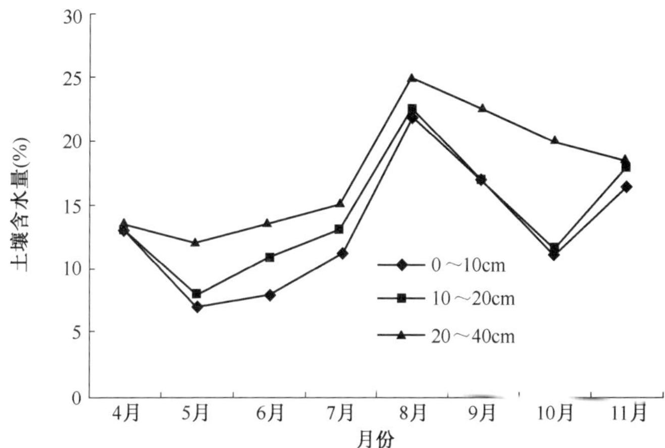


**图 3-22　试验区中央分隔带测试点不同深度土壤水分月变化**

7. 82 个百分点。20～40cm 月土壤含水量最大值为 15. 74%，出现在 11 月份；月土壤含水量最小值为 5. 95%，出现在 7 月份；二者相差 9. 79 个百分点。月土壤含水量最大值排序为 20～40cm>10～20cm>0～10cm，月土壤含水量最小值排序为 0～10cm<10～20cm<20～40cm，月土壤含水量值差排序为 20～40cm>10～20cm>0～10cm。

阴坡测试点 0～10cm 月土壤含水量最大值为 14. 91%，出现在 11 月份；月土壤含水量最小值为 6. 16%，出现在 5 月份；二者相差 8. 75 个百分点。10～20cm 月土壤含水量最大值为 12. 32%，出现在 11 月份；月土壤含水量最小值为 9. 37%，出现在 5 月份；二者相差 2. 95 个百分点。20～40cm 月土壤含水量最大值为 15. 18%，出现在 8 月份；月土壤含水量最小值为 6. 67%，出现在 10 月份；二者相差 8. 51 个百分点。月土壤含水量最大值排序为 20～40cm>0～10cm>10～20cm，月土壤含水量最小值排序为 0～10cm<20～40cm<10～20cm，月土壤含水量值差排序为 0～10cm>20～40cm>10～20cm。

中央分隔带测试点 0～10cm 月土壤含水量最大值为 22. 76%，出现在 8 月份；月土壤含水量最小值为 7. 73%，出现在 5 月份；二者相差 15. 03 个百分点。10～20cm 月土壤含水量最大值为 23. 91%，出现在 8 月份；月土壤含水量最小值为 9. 15%，出现在 5 月份；二者相差

14.76 个百分点。20~40cm 月土壤含水量最大值为 26.68%，出现在 8 月份；月土壤含水量最小值为 12.32%，出现在 5 月份；二者相差 14.36 个百分点。月土壤含水量最大值排序为 20~40cm>10~20cm>0~10cm，月土壤含水量最小值排序为 0~10cm<10~20cm<20~40cm，月土壤含水量值差排序为 0~10cm>10~20cm>20~40cm。

不同绿化区域不同土层土壤含水量月变化情况，如图 3-23 至图 3-25。

0~10cm 土层深度下的 4 种典型地形条件下的月土壤含水量变化比较。

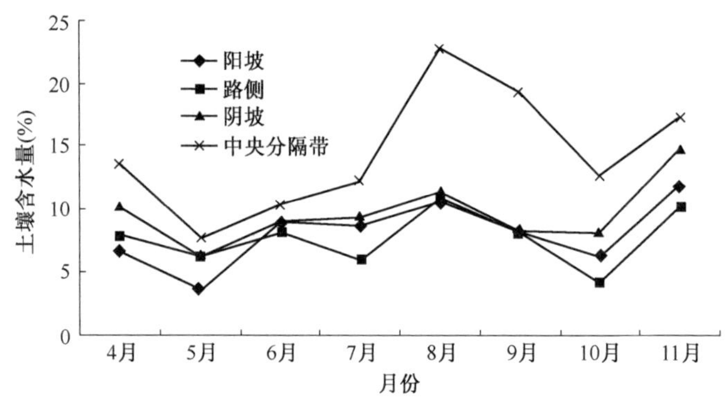


**图 3-23　试验区 0~10cm 深 4 种立地条件类型下测试点月土壤含水量变化比较**

由图 3-23 可以看到，在 0~10cm 处，阳坡测试点月土壤含水量最大值为 11.83%，出现在 11 月份；月土壤含水量最小值为 3.61%，出现在 5 月份；二者相差 8.22 个百分点。路侧测试点月土壤含水量最大值为 10.73%，出现在 8 月份；月土壤含水量最小值为 4.21%，出现在 10 月份；二者相差 6.52 个百分点。阴坡测试点月土壤含水量最大值为 14.91%，出现在 11 月份；月土壤含水量最小值为 6.16%，出现在 5 月份；二者相差 8.75 个百分点。中央分隔带测试点月土壤含水量最大值为 22.76%，出现在 8 月份；月土壤含水量最小值为 7.73%，出现在 5 月份；二者相差 15.03 个百分点。其中中央分隔带月土壤含水量最大值最高，为 22.76%，路侧月土壤含水量最大值最低，为 10.73%，二者相差 12.03 个百分点，差距悬殊。其排序为中央分隔带>阴坡>阳坡>路侧，且中央分隔带月土壤含水量最大值明显高于其他3种典型地形。阳坡的月土壤含水量最小值最低，为3.61%，中央分隔带的月土壤含水量最小值最高，为7.73%，二者相差4.12个百分点，存在一定差距，排序为阳坡<路侧<阴坡<中央分隔带。中央分隔带的月含水量值差最大，为15.03个百分点，路侧的月含水量值差最小，为6.52个百分点，二者相差8.51个百分点，差距显著，排序为中央分隔带>阴坡>阳坡>路侧，且中央分隔带的月土壤含水量值差明显高于其他3种典型地形。

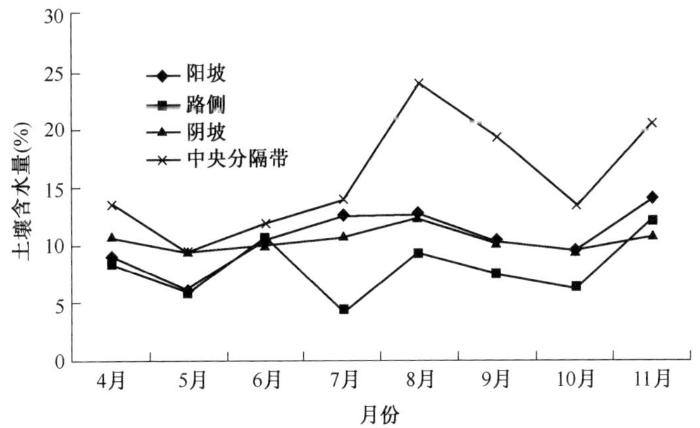


**图3-24　试验区10~20cm深4种立地条件类型下测试点月土壤含水量变化比较**

由图3-24可以看到，在10~20cm处，阳坡月土壤含水量最大值为13.94%，出现在11月份；月土壤含水量最小值为6.02%，出现在5月份；二者相差7.92个百分点。路侧月土壤含水量最大值为12.03%，出现在11月份；月土壤含水量最小值为4.21%，出现在7月份；二者相差7.82个百分点。阴坡月土壤含水量最大值为12.32%，出现在11月份；月土壤含水量最小值为9.37%，出现在5月份；二者相差2.95个百分点。中央分隔带月土壤含水量最大值为23.91%，出现在8月份；月土壤含水量最小值为9.15%，出现在5月份；二者相差14.76个百分点。其中，中央分隔带月土壤含水量最大值最高，为23.91%；路侧月土壤含水量最大值最低，为12.03%；二者相差11.88个百分点，相差悬殊，排序为中央分隔带>阳坡>阴坡>路侧。路侧月土壤含水量最小值最低，为4.21%，阴坡月土壤含水量最小值最高，为 9.37%，二者相差 5.16 个百分点，差距显著，排序为路侧<阳坡<中央分隔带<阴坡，且阴坡与中央分隔带的月土壤含水量最小值相近。中央分隔带月土壤含水量值差最大，为 14.76 个百分点，阴坡月土壤含水量值差最小，为 2.95 个百分点，二者相差 11.81 个百分点，差距悬殊，排序为中央分隔带>阳坡>路侧>阴坡；且阳坡的月土壤含水量值差与路侧接近，中央分隔带月土壤含水量值差明显高于其他 3 种典型地形类型，阴坡的土壤含水量值差明显低于其他 3 种典型地形类型。

由图 3-25 可以看到，在 20~40cm 处，阳坡月土壤含水量最大值为 14.82%，出现在 8 月份；月土壤含水量最小值为 8.92%，出现在 5 月份；二者相差 5.9 个百分点。路侧月土壤含水量最大值为 15.74%，出现在 11 月份；月土壤含水量最小值为 5.95%，出现在 7 月份；二者相差 9.79 个百分点。阴坡月土壤含水量最大值为 15.18%，出现在 8 月份；月土壤含水量最小值为 6.67%，出现在 10 月份；二者相差 8.51 个百分点。中央分隔带月土壤含水量最大值为 26.68%，出现在 8 月份；月土壤含水量最小值为 12.32%，出现在 5 月份；二者相差 14.36 个百分点。其中，中央分隔带月土壤含水量最大值最高，为 26.68%；阳坡月土壤含水量最大值最低，为 14.82%；二者相差 11.86 个百分点，相差显著，排序为中央分隔带>路侧>阴

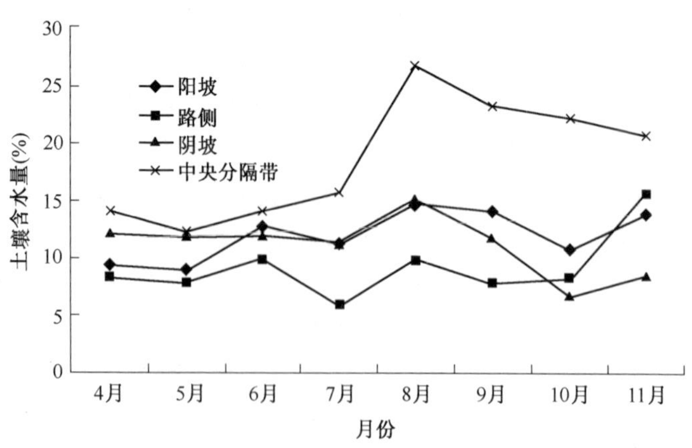


**图3-25 试验区 20~40cm 深 4 种立地条件类型下测试点月土壤含水量变化比较**

坡>阳坡，且中央分隔带月土壤含水量最大值明显高于其他 3 种典型地形类型，路侧、阳坡与阴坡的月土壤含水量最大值差别不明显。路侧月土壤含水量最小值最低，为 5.95%，中央分隔带月土壤含水量最小值最高，为 12.32%，二者相差 6.37 个百分点，差距明显，排序为路侧<阴坡<阳坡<中央分隔带，且中央分隔带的月土壤含水量最小值明显高于其他 3 种典型地形类型。中央分隔带的月土壤含水量值差最大，为 14.36%；阳坡的月土壤含水量值差最小，为 5.9%；二者相差 8.46 个百分点，差距明显，排序为中央分隔带>路侧>阴坡>阳坡。

### 3.3.3　土壤理化性质

#### 3.3.3.1　土壤化学性质

图 3-26 至图 3-30 是试验区 4 种典型地形下土壤 pH、全 N、速效 P、有机质和速效 K 与试验区周边的对照农田变化比较。

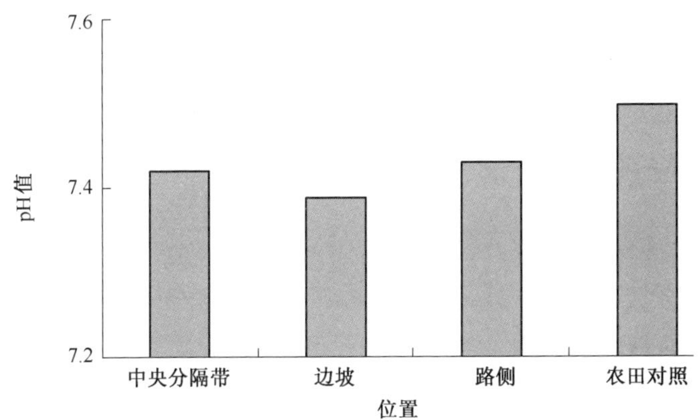


**图 3-26　试验区 4 种立地条件类型下测试点土壤 pH 比较**

从图 3-26 至图 3-30 可以看出，由于在公路路体绿化中，中央分隔带、边坡绿化一般进行客土处理，路侧绿化地多为农田耕地。因此，路侧的土壤化学性质与周边农田相似，中央分隔带、边坡的土壤化学性质有较大不同。在 pH 方面，3 种路体绿化形式的土壤 pH 值与周边农田差别不明显，差值均不超过 0.2。在全 N 方面，路侧测试

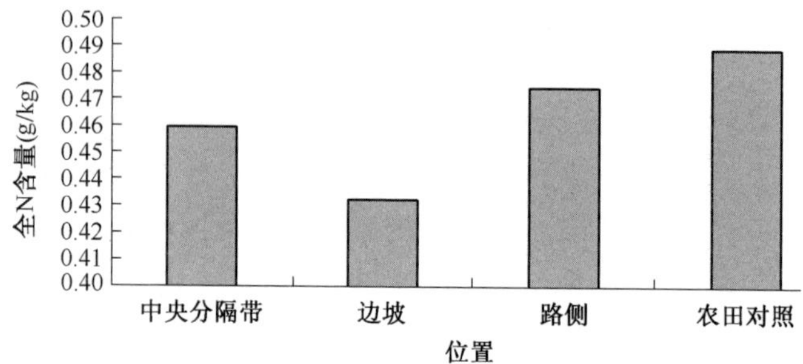


图 3-27 试验区 4 种立地条件类型下测试点土壤全 N 含量比较

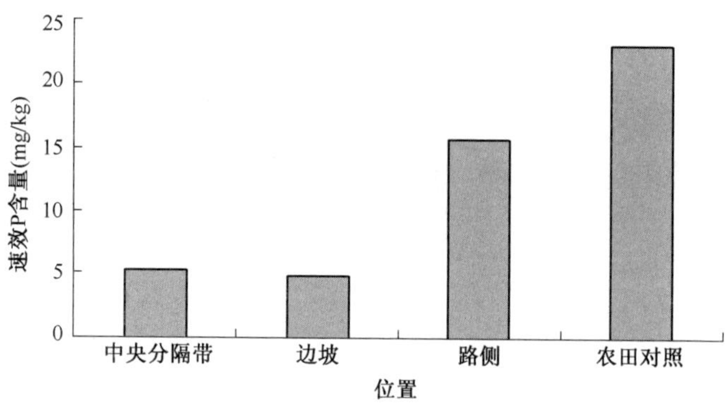


图 3-28 试验区 4 种立地条件类型下测试点土壤速效 P 含量比较

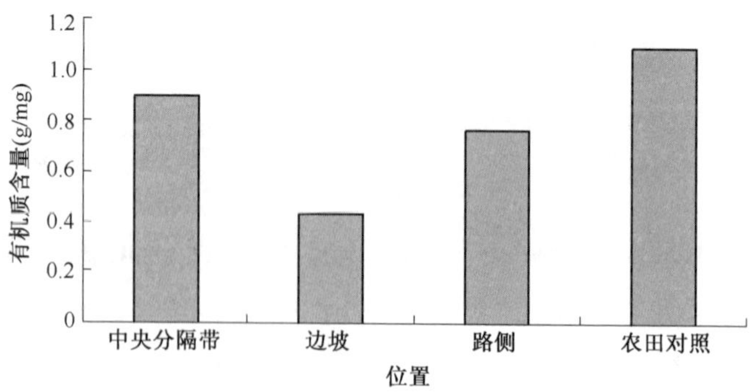


图 3-29 试验区 4 种立地条件类型下测试点土壤有机质含量比较

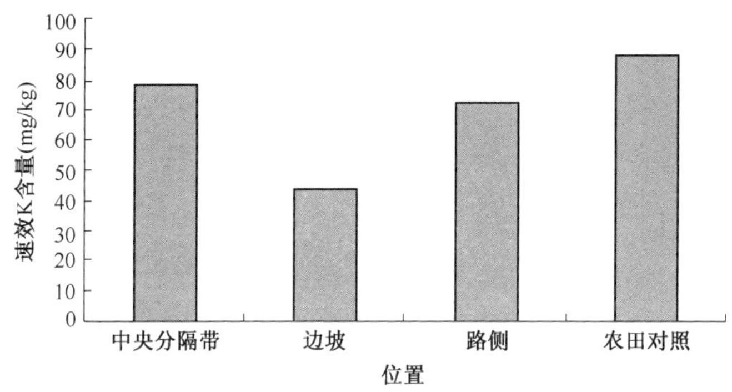


**图 3-30　试验区 4 种立地条件类型下测试点土壤速效 K 含量比较**

点全 N 含量最高，为 0.475g/kg，边坡测试点全 N 含量最低，为 0.432g/kg；与周边农田对照相比，中央分隔带、边坡含量有一定差距，路侧的全 N 含量略有差距。在速效 P 方面，路侧测试点速效 P 含量最高，为 15.67mg/kg，边坡测试点速效 P 含量最低，为 4.93mg/kg；与周边农田对照相比，中央分隔带、边坡速效 P 含量显著偏低，路侧的速效 P 含量也存在一定差距；在有机质方面，中央分隔带测试点有机质含量最高，为 0.900g/kg，边坡测试点有机质含量最低，为 0.433g/kg；与周边农田对照相比，边坡有机质含量显著偏低，路侧的速效 P 含量也存在一定差距，由于中央分隔带进行了施肥处理，所以有机质含量较高。在速效 K 方面，中央分隔带测试点速效 K 含量最高，为 78.69mg/kg，边坡测试点速效 K 含量最低，为 43.44mg/kg；与周边农田对照相比，边坡速效 K 含量显著偏低，路侧、中央分隔带的速效 K 含量也存在一定差距。由此可见，土壤养分方面，总体来讲，由于中央分隔带进行了客土施肥处理，路侧多为原有农田耕地，人为影响较小。因此，与周边农田相比，养分含量存在一定差距，但差别不悬殊。边坡由于自身地势条件，施肥处理存在一定难度，保肥能力差，养分含量与周边农田相比差距明显。

#### 3.3.3.2　土壤物理性质

图 3-31 至图 3-33 为试验区 3 种典型地形条件下测试点的土壤物理性质比较。

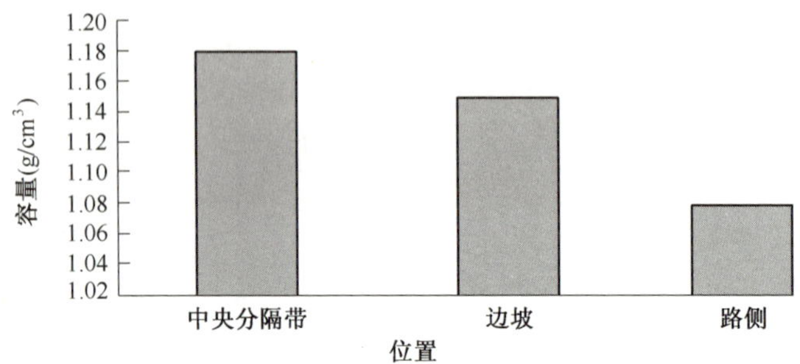


**图 3-31　试验区 3 种立地条件类型下测试点土壤容重**

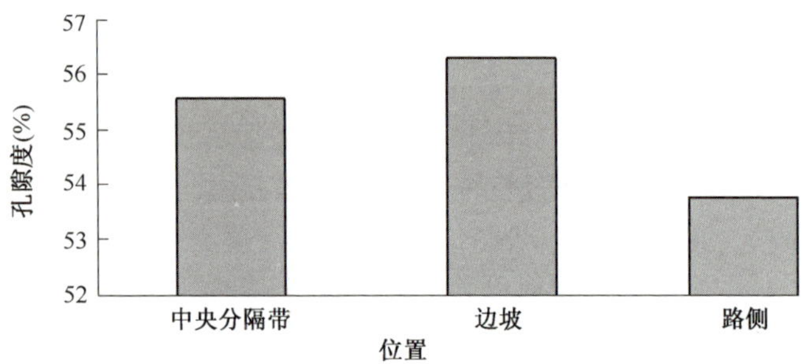


**图 3-32　试验区 3 种立地条件类型下测试点土壤孔隙度**

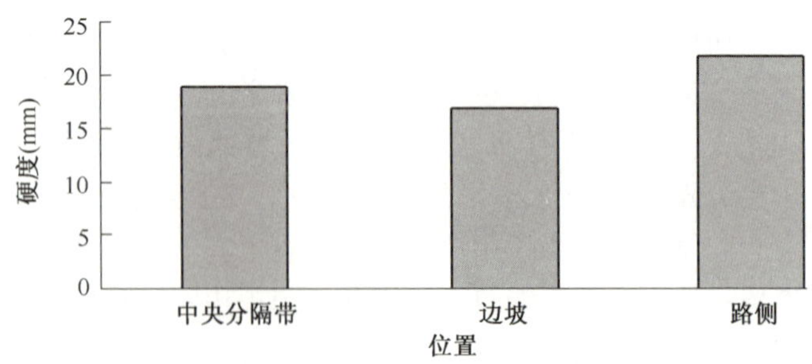


**图 3-33　试验区 3 种立地条件类型下测试点土壤硬度**

由图 3-31 至图 3-33 可以看到，中央分隔带测试点土壤平均容重 1.18g/cm$^3$，平均孔隙度为 55.58%，平均硬度为 19mm；边坡测试点土壤平均容重 1.15g/cm$^3$，平均孔隙度为 56.32%，平均硬度为 17mm；路侧测试点土壤平均容重 1.08g/cm$^3$，平均孔隙度为 53.78%，平均硬度为 22mm。中央分隔带与边坡土壤物理性质相近，土壤较疏松，硬度适于绿化植物的栽种、生长。路侧的土壤物理性质接近于周围农田，比中央分隔带、边坡略紧实，其硬度也很适于绿化植物的栽种、生长。

图 3-34 为试验区 3 种典型地形测试点土壤团聚体比较。

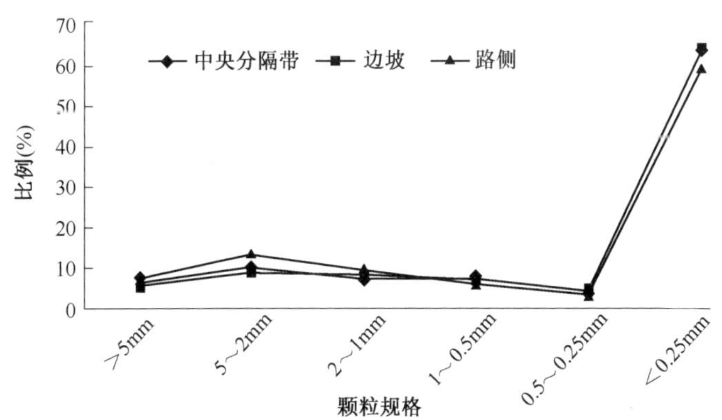


**图 3-34　试验区 3 种立地条件类型下测试点土壤团聚体比较**

由图 3-34 可以看到，3 种典型地形条件下测试点土壤团聚体含量略有差异，结构大致相同，小于 0.25mm 的颗粒占到总量的 50% 以上，排序为边坡（64.32%）>中央分隔带（63.65%）>路侧（59.63%）。大于 5mm 的颗粒占总量比例较低，均不超过 10%，排序为路侧（7.32%）>中央分隔带（6.70%）>边坡（6.30%）。因此，中央分隔带、边坡的土壤团粒间稳定性较差，保墒蓄水能力低，土壤保肥能力不足。路侧土壤相对来说，土壤结构较稳定，吸附能力强，保墒蓄水能力强，易保存土壤养分。

## 3.4　立地因子评价

综上所述，各种立地因子对路体绿化都有着不同的影响，将以上

23 种立地因子进行赋值分析，把定性分析数量化，易于作为评价的依据。采用 1~4 四个等级赋值法，每级赋值 1 分，按照植物有利的方向进行逐增赋值，见表 3-1。然后对立地因子进行整体的评价分析。

**表 3-1 立地因子赋值**

| 序号 | 立地因子 | 中央隔离带 | 阳坡 | 阴坡 | 路侧 |
|---|---|---|---|---|---|
| 1 | 日辐射强度 | 4 | 2 | 1 | 3 |
| 2 | 年辐射强度 | 4 | 3 | 1 | 2 |
| 3 | 气温日最高 | 3 | 4 | 1 | 2 |
| 4 | 气温日最低 | 1 | 3 | 4 | 2 |
| 5 | 气温月最高 | 4 | 3 | 1 | 2 |
| 6 | 气温月最低 | 3 | 2 | 4 | 1 |
| 7 | 空气湿度日变化 | 3 | 1 | 4 | 2 |
| 8 | 空气湿度年变化 | 3 | 2 | 4 | 1 |
| 9 | 地温 10 cm 土层深 | 3 | 1 | 2 | 4 |
| 10 | 地温 20 cm 土层深 | 4 | 1 | 2 | 3 |
| 11 | 地温 40 cm 土层深 | 3 | 4 | 2 | 1 |
| 12 | 土壤含水量 0~10 cm 土层 | 4 | 2 | 3 | 1 |
| 13 | 土壤含水量 10~20 cm 深 | 4 | 1 | 2 | 3 |
| 14 | 土壤含水量 20~40 cm 深 | 4 | 1 | 2 | 3 |
| 15 | 土壤 pH | 3 | 1 | 2 | 4 |
| 16 | 土壤 N 含量 | 3 | 2 | 1 | 4 |
| 17 | 土壤 P 含量 | 3 | 1 | 2 | 4 |
| 18 | 土壤有机质 | 4 | 2 | 1 | 3 |
| 19 | 土壤 K 含量 | 4 | 2 | 1 | 3 |
| 20 | 土壤容重 | 4 | 3 | 2 | 1 |
| 21 | 土壤孔隙度 | 2 | 4 | 3 | 1 |
| 22 | 土壤硬度 | 3 | 2 | 1 | 4 |
| 23 | 土壤团聚体 | 3 | 2 | 1 | 4 |
|  | 赋值得分 | 76 | 49 | 47 | 58 |

从气候因子对立地条件的影响来说，根据植物生长规律，立地条件优劣表现为中央分隔带>阳坡>阴坡>路侧，如图 3-35。这个结果的原因可能和平原区高速公路的特点有关，路面宽阔，中央分隔带宽度较大，且少有隐蔽影响，因此在太阳辐射和地温方面都优于其他立地类型；边坡主要为路堤边坡，受到降雨、气流、蒸散作用影响较大。但是比路侧条件较为有利，因为路侧区域多微沟谷、且狭窄、不规则，因此在气候条件上较为不理想。

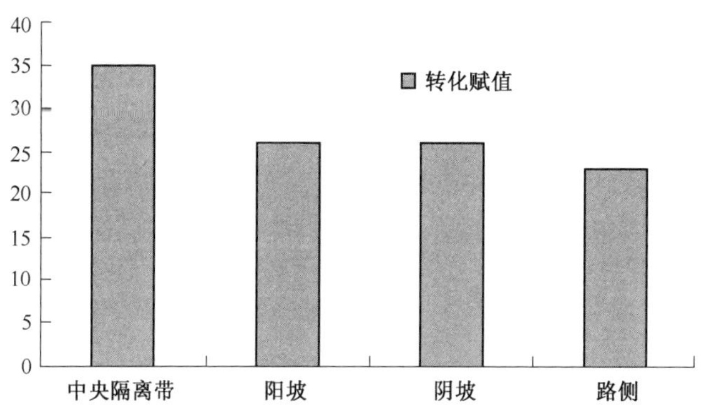


**图 3-35　气候因子赋值**

从土壤方面来说，立地条件优劣表现为中央分隔带>路侧>阳坡>阴坡，如图 3-36。这个结果的原因可能和平原区高速公路绿化施工和养护技术有关。由于中央分隔带、路侧、边坡多为人工客土，进行施肥、浇水等施工和养护工作，尤其是中央分隔带位于路体核心地带，起着改善环境、安全导视等功能，因此对该区域的投入也会增多，土壤条件相对较好；路侧绿化区域因为有较少的气候和人为干扰，土壤性质较为稳定；阴坡、阳坡的土壤性质则变化较大。因为同时受到气候和养护作业的干扰，容易导致水土流失、养分损失、土体质量降低。

通过赋值计算和综合评价，如图 3-37 可知，4 种立地类型的综合评价为中央分隔带>路侧>阳坡>阴坡，得出这样的结果可能是由于中央分隔带的特殊性产生的。在平原高速公路的路体中，中央分隔带受到气候因子和人工干扰的作用比较大，虽然综合评价得分较高，但是

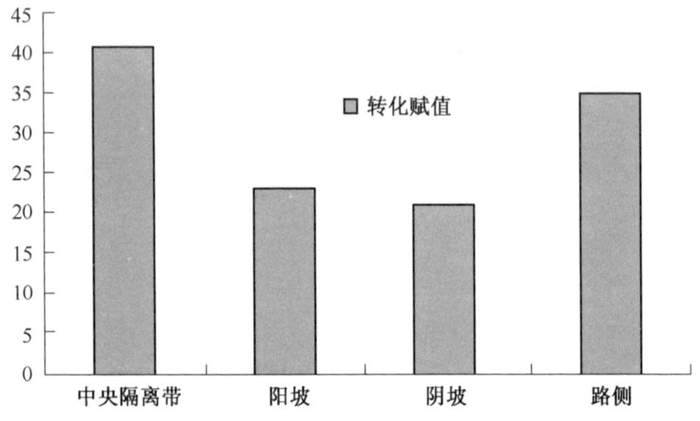


图 3-36 土壤因子赋值

容易受到个别因子的极端影响，如气温，风速，浇水、尾气污染等，需要筛选适宜在这个区域生存生长的耐旱、抗性强的植物种进行绿化。路侧绿化区域的土壤因子较为优势，因为各类干扰较小，性状稳定，适宜建立稳定的群落系统。阴坡和阳坡由于受到坡度和气候因子的影响，各项立地条件可能动态变化剧烈，就需要较多的人为辅助措施进行绿化，在种类搭配上选择耐性较好的，尤其是耐旱性强的、生长迅速的植物种来绿化。

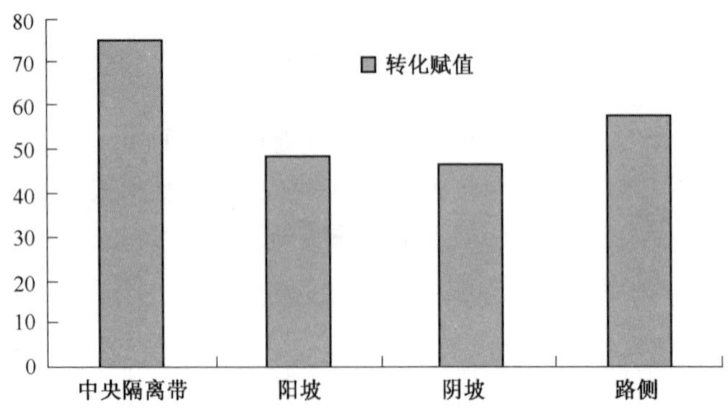


图 3-37 赋值评价图

# 第4章

# 华北平原高等级公路路体绿化植物评价

本部分是在理论总结的基础上，明确高等级公路路体绿化植物的评价原则和方法，从适应性、安全性、生态性、观赏性以及经济性等5个方面，采用层次分析法构建出评价体系。所构建的评价体系在一定程度上，可客观、科学地衡量和评价某一区域公路绿化植物的表现状况，为公路绿化建设中植物物种选择提供决策参考。

## 4.1 评价指标体系构建

### 4.1.1 评价指标选取原则及要点

#### 4.1.1.1 选取原则

评价指标是一种基本尺度，它衡量的是评价目标，而评价体系是一个评价系统，很完整，并不是由单个或多个可测度指标简单组成的。因此必须遵循以下原则来选取评价指标，以达到评价体系能够科学、客观地反映主客观因素的目的。

(1) 客观性原则：所选定的每一指标，其中名称和含义都应该符合专业术语和概念，而且还需要从全面、客观、真实等方面表现出公路路体绿化物种的整体状况。

(2) 代表性原则：所选定的每一指标需要有丰富的内涵，较多的信息量，并且建立的评价指标体系要求能够将评价路段当中的绿化物种特征反映的更全面。

（3）独立性原则：所选定的每一指标都要在统计上独立，要有较小的相互关联度。各个指标间不要有重复、交叉、因果、矛盾等关系；在同一层指标上，公路绿化植物种的特征和本质也需要从不同的方面反映出来。

（4）操作性原则：所选定的每一指标都要有较强的可操作性，使用方便，简单明了，获取数据时可通过收集资料或直接间接的测量来获取数据。

（5）可比性原则：不仅要充分考虑到国家和交通部门的统计口径，也要充分考虑到有关的标准和规范，所以从公开出版物或者是权威机构发布的信息中一般都应该能直接获取原始数据，并且数据间可以同类比较。

#### 4.1.1.2 选取要点

高等级公路路体绿化是景观生态的一部分，它是利用植物和其他材料在公路路域范围内创造一个景物的过程。这个景物由形态、形式因素构成，比较独立，有一定的社会文化内涵和审美价值，而且能够满足公路的交通功能。因此，在对绿化植物物种进行评价时应注重 3 个属性：

（1）自然属性：作为一个客体，这个客体不但要有一定的空间形态，比较独立，有光、形、色、体等可被人感知的因素，而且还要在公路路域形态背景中容易被分离出来。它必须适应其所处的立地环境，同时能够对周围环境产生一定的影响。

（2）社会属性：它不但要有观赏功能，改善环境和使用功能，还要必须具备一定的社会文化内涵以及景观效应。景观效应就是指通过社会文化内涵引发司机、乘客、公路管护人员等使用者的情感、联想一系列的心理反映。

（3）特殊的功能性：它是一个重要特征，用来区别高等级公路景观绿化与一般景观。公路是高等级公路景观绿化的依附主体，在有自然属性和社会属性的同时，设计、施工、运营高等级公路时要必须满足交通安全、防止水土流失、降低噪音、净化空气等一些具体功能要求。

### 4.1.2　评价指标体系构建与评价

#### 4.1.2.1　构建评价指标体系的思路

本研究建立高等级公路绿化植物评价指标的程序，如图 4-1。为了满足科学性和合理性原则，筛选指标采用的是专家咨询法与主成分分析相结合的方法。建立的指标体系有一般指标体系和具体指标体系。一般指标体系，指在评价指标被初步提出来时，征询一下对此方面相关专家的意见，调整指标从而建立指标体系。具体指标体系指，为了使其更具有科学性和可操作性，进一步选择一些具有丰富内涵并且相对独立的指标，以此来构成的评价指标体系。

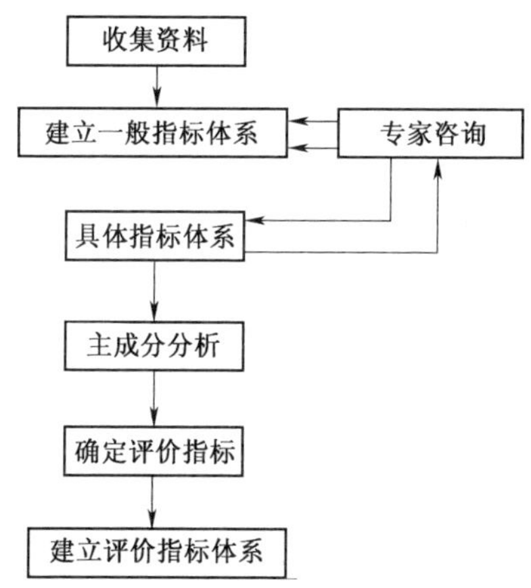


图 4-1　评价指标体系构建的思路框图

#### 4.1.2.2　评价指标的筛选

影响高等级公路路体绿化植物的因素是多方面的，其在绿化功能发挥上关系也是错综复杂的。所以，构建评价指标体系是把高等级公路绿化植物的初拟指标选择出来，主要是从生态适应和绿化功能的角度来进行分析和分解而形成的指标体系。

由于提出初拟指标一般要关注指标的完整，所以这些指标有时候会数量多且粗糙，甚至指标之间会有某种程度的相关关系存在，这不仅会增加评价的工作量，还会影响评价的有效性和可靠性。因此，评价指标体系建立中最关键的部分就是，通过对初拟指标的归类合并和筛选来把指标之间的这种相关关系消除掉。本部分用到的方法是在定性分析时与定量分析相结合，进行专家的筛选和主成分分析。

本研究邀请 10 名专家，这些专家依据自己知识和经验将理论模型中的初拟指标判断和选择出来。将专家的意见综合起来，删除一些不能够较好地反映高等级公路绿化植物表现的评价指标。但是，专家这样筛选的方法，仍然很难有效保证评价体系的科学性和合理性，存在的问题体现在指标数量偏多和指标之间的相关关系两个方面，这样就造成了重复使用被评价对象信息的结果。所以，对评价指标体系进一步优化是很必要的，所采用的方法就是主成分分析。

用到的软件是 MATLAB 软件，这个软件可以对专家选取的高等级公路评价指标进行相关系数矩阵排列，对其特征值进行大小排序，最终确定了 11 个评价指标，即耐寒性、耐旱性、耐光照、耐贫瘠、根系固土能力、抗病虫能力、抗污染能力、观赏性、生态效益、安全性、经济性等，来对华北平原区高等级公路绿体植物从生态适应能力、生物学特性以及综合效应三个大的方面进行评价。

**4.1.2.3 评价方法**

层次分析法不仅能将定性与定量分析相结合，且其也是一个多准则决策分析的方法，所以本研究采用此方法进行分析。

**4.1.2.4 评价模型的构建**

根据上述研究成果及方法，为了对高等级公路路体绿化植物做出更加全面、系统、客观、准确的评价，建立如下评价模型，如图 4-2。

**4.1.2.5 评价指标权重确定**

本模型各个层次的判断矩阵采用 1-9 标度法构造，权重 $W$ 值（表 4-1 至表 4-4）采用方根法求取。将判断矩阵经过计算机操作，来获取其非零最大特征根 $\lambda_{max}$。并通过计算一致性指标 $CI$ 检验其一致性，$CI$ 的定义如下：$CI=(\lambda_{max}-n)/(n-1)$，再将 $CI$ 与 $RI$（平均一致性指标）进行比较，如果所得到的随机一致性比率 $CR=CI/RI<0.10$，则表示判断矩阵具有满意一致性。

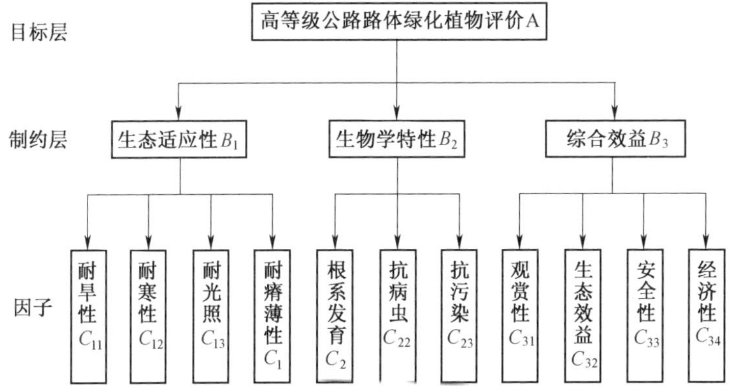


**图 4-2　高等级公路路体绿化植物评价模型**

**表 4-1　判断矩阵 *A-B***

| $A$ | $B_1$ | $B_2$ | $B_3$ | $W$ | 一次性检验 |
|---|---|---|---|---|---|
| $B_1$ | 1 | 3 | 5 | 0.605 | $\lambda_{max}=3.044$ |
| $B_2$ | 1/3 | 1 | 3 | 0.291 | $CI=0.022$ |
| $B_3$ | 1/5 | 1/3 | 1 | 0.103 | $CR=0.038<0.10$ |

**表 4-2　判断矩阵 $B_1$-$C_1$**

| $B_1$ | $C_{11}$ | $C_{12}$ | $C_{13}$ | $C_{14}$ | $W$ | 一次性检验 |
|---|---|---|---|---|---|---|
| $C_{11}$ | 1 | 3 | 3 | 2 | 0.421 | $\lambda_{max}=4.096$<br>$CI=0.032$<br>$CR=0.035<0.10$ |
| $C_{12}$ | 1/3 | 1 | 2 | 1/5 | 0.123 | |
| $C_{13}$ | 1/3 | 1/2 | 1 | 1/4 | 0.092 | |
| $C_{14}$ | 1/2 | 5 | 4 | 1 | 0.363 | |

**表 4-3　判断矩阵 $B_2$-$C_2$**

| $B_2$ | $C_{21}$ | $C_{22}$ | $C_{23}$ | $W$ | 一次性检验 |
|---|---|---|---|---|---|
| $C_{21}$ | 1 | 1/3 | 1/4 | 0.124 | $\lambda_{max}=4.031$ |
| $C_{22}$ | 3 | 1 | 1/2 | 0.320 | $CI=0.010$ |
| $C_{23}$ | 4 | 2 | 1 | 0.556 | $CR=0.011<0.10$ |

表 4-4 判断矩阵 $B_3$-$C_3$

| $B_3$ | $C_{31}$ | $C_{32}$ | $C_{33}$ | $C_{34}$ | $W$ | 一次性检验 |
|---|---|---|---|---|---|---|
| $C_{31}$ | 1 | 1/3 | 1/5 | 3 | 0.163 | $\lambda_{max}=4.032$<br>$CI=0.011$<br>$CR=0.012<0.10$ |
| $C_{32}$ | 3 | 1 | 1/2 | 4 | 0.306 | |
| $C_{33}$ | 5 | 2 | 1 | 5 | 0.467 | |
| $C_{34}$ | 1/3 | 1/4 | 1/5 | 1 | 0.064 | |

计算 $C$ 总排序值（表 4-5），获得各指标因子的最终权重。

表 4-5 层次总排序

| $A$ | $Bw$ | $C$ | $Cw$ | 总排序 |
|---|---|---|---|---|
| $B_1$ | 0.605 | $C_{11}$ | 0.421 | 0.255 |
| | | $C_{12}$ | 0.123 | 0.074 |
| | | $C_{13}$ | 0.092 | 0.056 |
| | | $C_{14}$ | 0.363 | 0.220 |
| $B_2$ | 0.291 | $C_{21}$ | 0.124 | 0.036 |
| | | $C_{22}$ | 0.320 | 0.093 |
| | | $C_{23}$ | 0.556 | 0.162 |
| $B_3$ | 0.103 | $C_{31}$ | 0.163 | 0.017 |
| | | $C_{32}$ | 0.306 | 0.032 |
| | | $C_{33}$ | 0.467 | 0.048 |
| | | $C_{34}$ | 0.064 | 0.007 |

#### 4.1.2.6 赋值评价

统计高等级公路路体绿化植物相关数据，查阅现有相关文献，然后邀请专家，将所选的各个指标用 5 分制进行赋值，并用 AHP 得到的权重进行各物种的最后得分计算，再将其进行排序。

①综合评价：采用加权平均模型来确定各个植物种总得分值。

$$P = \sum_{i=1}^{n} \lambda_i X_i \tag{5-1}$$

$P$——植物综和功能总得分值；

$\lambda_i$——第 $i$ 个评价指标的权重；

$X_i$——第 $i$ 个指标的得分值。

②数据的标准化处理：将所用数据进行标准化处理可以克服因不同属性数据的量纲不同、数据差异性较大导致的在计算时突出大数值属性的作用压低小数值属性而产生的系统误差。

本研究中的标准参照值为各因子中的最大值，标准数据取其他数据与其比值。

$$X'_{ij} = X_{ij} \cdot (X'_{ij})^{-1}(\max) \tag{5-2}$$

$i$——统计指标项；

$j$——植物种编号。

然后用 SPSS 将植物进行聚类分析，分为Ⅰ类、Ⅱ类、Ⅲ类，最终被推广应用的种类被评定为Ⅰ、Ⅱ的植物种。

## 4.2　高等级公路路体绿化植物评价

### 4.2.1　数据获得

本研究采取查阅文献资料与实地调查相结合的方法获得相关数据。调查华北平原区高等级公路沿线的自然概况和植被情况，采用的方法是样方法。在此过程中，根据群落圈定样方，形状不定，共调查了 90 个，因为公路线性流动大，路程长，还有复杂的地形环境。按照群落类型将样方的大小设置为：乔木林 $100m^2$，灌木林 $25m^2$，草地 1m×1m。其中，乔木林的样方中还需要设置 1 个 5m×5m 的小样方来调查灌木层，然后再设置 3 个 1m×1m 小样方调查草本层；灌木林的样方中还需要设置 3 个 1m×1m 小样方调查草本层。调查的主要内容有：①乔木：树名、冠幅、胸径、株树、树高及其生长状况等；②灌木：树名、宽度、高度、株树、种类情况及其生长和更新状况等；③草本：名称、盖度、高度、株树/丛数及其生长状况、起源状况等。

### 4.2.2　综合评价

根据上述方法对华北平原区高等级公路路体绿化 71 种植物进行评价，结果见表 4-6。

表 4-6　华北平原区高等级公路路体绿化常用植物综合评价得分表

| 序号 | 植物名称 | 综合得分 | 序号 | 植物名称 | 综合得分 | 序号 | 植物名称 | 综合得分 |
|---|---|---|---|---|---|---|---|---|
| 1 | 油松 | 4.39 | 25 | 碧桃 | 3.77 | 49 | 雁来红 | 3.42 |
| 2 | 侧柏 | 4.77 | 26 | 黄栌 | 4.24 | 50 | 长春花 | 3.23 |
| 3 | 龙柏 | 4.35 | 27 | 紫薇 | 3.89 | 51 | 半枝莲 | 3.70 |
| 4 | 白皮松 | 4.10 | 28 | 丁香 | 4.04 | 52 | 一串红 | 3.37 |
| 5 | 雪松 | 3.77 | 29 | 连翘 | 4.08 | 53 | 矮牵牛 | 3.12 |
| 6 | 银杏 | 4.22 | 30 | 金银木 | 4.11 | 54 | 三色堇 | 2.87 |
| 7 | 毛白杨 | 4.29 | 31 | 月季 | 3.82 | 55 | 秋海棠 | 2.75 |
| 8 | 槐 | 4.52 | 32 | 多花蔷薇 | 3.95 | 56 | 虞美人 | 3.24 |
| 9 | 刺槐 | 4.62 | 33 | 玫瑰 | 4.14 | 57 | 二月蓝 | 3.90 |
| 10 | 白蜡 | 4.49 | 34 | 黄刺玫 | 4.10 | 58 | 彩叶草 | 3.05 |
| 11 | 栾树 | 4.16 | 35 | 大叶黄杨 | 4.15 | 59 | 荷兰菊 | 3.51 |
| 12 | 旱柳 | 4.29 | 36 | 小叶黄杨 | 4.19 | 60 | 黑心菊 | 3.38 |
| 13 | 绦柳 | 4.27 | 37 | 金叶女贞 | 4.21 | 61 | 蜀葵 | 3.51 |
| 14 | 馒头柳 | 4.34 | 38 | 红瑞木 | 4.09 | 62 | 垂盆草 | 3.43 |
| 15 | 法国梧桐 | 4.28 | 39 | 木槿 | 4.06 | 63 | 大丽花 | 3.05 |
| 16 | 合欢 | 4.11 | 40 | 蔷薇 | 4.15 | 64 | 玉簪 | 2.74 |
| 17 | 紫叶李 | 4.04 | 41 | 紫藤 | 3.93 | 65 | 高羊茅 | 3.68 |
| 18 | 元宝枫 | 4.25 | 42 | 爬山虎 | 4.30 | 66 | 早熟禾 | 3.56 |
| 19 | 杜仲 | 4.16 | 43 | 扶芳藤 | 4.33 | 67 | 黑麦草 | 3.67 |
| 20 | 构树 | 4.51 | 44 | 五叶地锦 | 4.22 | 68 | 土麦冬 | 3.48 |
| 21 | 火炬树 | 4.47 | 45 | 翠菊 | 3.38 | 69 | 野牛草 | 3.77 |
| 22 | 沙地柏 | 4.41 | 46 | 万寿菊 | 3.45 | 70 | 结缕草 | 3.66 |
| 23 | 铺地柏 | 4.34 | 47 | 地肤 | 3.96 | 71 | 白三叶 | 2.86 |
| 24 | 球柏 | 4.42 | 48 | 鸡冠花 | 3.54 | | | |

从表 4-6 可以看出，在列出的 71 种华北平原区高等级公路路体绿化植物中，侧柏综合评价得分最高，为 4.77，玉簪（*Hosta plantaginea*）综合评价得分最低，仅有 2.74，差距显著。从评价得分总体看来，乔木>藤本>灌木>草本。下面分别进行分析阐述。

#### 4.2.2.1　乔木树种

目前，华北平原区高等级公路路体绿化植物中，乔木树种有 21 种。综合评价得分最高的是侧柏，为 4.77；得分最低的是雪松，为 3.77。总体看来，21 种乔木树种比较适宜应用于公路路体绿化，但也不忽视其中的差异性。现将综合评价结果根据得分及兼顾均匀的原则进行等级划分，见表 4-7。

**表 4-7　华北平原区高等级公路路体绿化常用乔木树种评价分级**

| 等级 | 分数区间（$X$） | 植物名称 |
|---|---|---|
| Ⅰ | $X>4.5$ | 侧柏、刺槐、槐、构树 |
| Ⅱ | $4.5\geqslant X>4.1$ | 白蜡、毛白杨、火炬树、油松、龙柏、馒头柳、旱柳、法国梧桐、绦柳、元宝枫、银杏、杜仲、栾树、合欢 |
| Ⅲ | $X\leqslant 4.1$ | 白皮松、紫叶李、雪松 |

由表 4-7 可见，处于第Ⅰ等级的树种有侧柏、刺槐、槐（*Sophora japonica*）、构树（*Broussonetia papyrifera*）等 4 种。这些树种可以广泛应用在公路路体绿化中，且综合表现出色。处于第Ⅱ等级的树种有白蜡（*Fraxinus chinensis*）、毛白杨、火炬树（*Rhus typhina*）、油松、龙柏、馒头柳（*Salix matsudana* var. *matsudana* f. *umbraculifera* Rehd）、旱柳（*Salix matsudana*）、法国梧桐（*Platanus orientalis*）、绦柳（*Salix matsudana* var. *matsudana* f. *pendula*）、元宝枫、银杏（*Ginkgo biloba*）、杜仲（*Eucommia ulmoides*）、栾树（*Koelreuteria paniculata*）、合欢（*Albizia julibrissin*）等，共计 14 种，这些树种可以作为骨干树种，应用在公路路体绿化相应部位。处于第Ⅲ等级的树种有白皮松（*Pinus bungeana*）、紫叶李、雪松等 3 种。在作为丰富树种应用时，一定要考虑具体路段状况，慎重选择。

#### 4.2.2.2　灌木树种

在列出的 71 种华北平原区高等级公路路体绿化常用植物中，灌木物种有 18 种。其中，球柏综合评价得分最高，达到 4.42；碧桃综合评价得分最低，为 3.77。总体上来看，常用的灌木物种表现良好。但不同灌木的综合评价结果差异明显。现将其根据综合评价得分兼顾均衡的原则进行等级划分，见表 4-8。

表 4-8 华北平原区高等级公路路体绿化常用灌木物种评价分级

| 等级 | 分数区间（$X$） | 植物名称 |
| --- | --- | --- |
| Ⅰ | $X>4.2$ | 球柏、沙地柏、铺地柏、黄栌、金叶女贞 |
| Ⅱ | $4.2\geqslant X>4.0$ | 小叶黄杨、大叶黄杨、玫瑰、金银木、黄刺玫、红瑞木、连翘、木槿、丁香 |
| Ⅲ | $X\leqslant 4.0$ | 多花蔷薇、月季、紫薇、碧桃 |

由表4-8可见，处于第Ⅰ等级的树种有球柏（*Sabina chinensis* cv. Globosa）、沙地柏（*Sabina vulgaris*）、铺地柏（*Sabina procumbens*）、黄栌（*Cotinus coggygria*）、金叶女贞（*Ligustrum vicaryi*）等5种。这些物种可以广泛应用在公路路体绿化中，且综合表现出色。处于第Ⅱ等级的树种有小叶黄杨（*Buxus sinica*）、大叶黄杨（*Euonymus japonicus*）、玫瑰（*R. rugosa*）、金银木（*Lonicera maackii*）、黄刺玫（*R. xanthina*）、红瑞木（*Swida alba*）、连翘（*Forsythia suspensa*）、木槿（*Hibiscus syriacus*）、丁香（*Syringa* spp.）等9种，这些树种可以作为骨干树种，应用在公路路体绿化相应部位。处于第Ⅲ等级的树种有多花蔷薇（*R. multiflora*）、月季（*Rosa chinensis*）、紫薇、碧桃（*Amygdalus persica* var. *persica*）等4种。在应用时一定要考虑具体路段状况，慎重选择。同时，为了提高景观效果，仅有的灌木物种尚不能满足各类路段路体绿化的需要，需要进一步挖掘、引进、培育更多的新的灌木物种。

#### 4.2.2.3 藤本植物

华北平原区高等级公路路体绿化植物中，藤本植物种类较少，仅有5种。但其在边坡绿化中发挥的作用是其他植物种类不可比拟的。这5种藤本植物的评价得分排序，见表4-9。

表 4-9 华北平原区高等级公路路体绿化常用藤本植物评价得分排序

| 序号 | 植物名称 | 综合评价得分 |
| --- | --- | --- |
| 1 | 扶芳藤 | 4.33 |
| 2 | 爬山虎 | 4.30 |
| 3 | 五叶地锦 | 4.22 |
| 4 | 蔷薇 | 4.15 |
| 5 | 紫藤 | 3.93 |

由表 4-9 可见，在华北平原区高等级公路路体绿化常用藤本植物中，扶芳藤（*Euonymus fortunei*）综合评价得分最高，为 4.33；紫藤（*Wisteria sinensis*）综合评价得分最低，为 3.93。藤本植物综合评价总体表现尚好，也存在一定差异。扶芳藤、爬山虎、五叶地锦（*Parthenocissus quinquefolia*）表现良好，尤其是扶芳藤作为一种新型品种可以进一步推广应用，发展前景广阔。蔷薇、紫藤在设计应用路段的表现需要加以特别关注。总体看来，常用藤本植物种类较少，需要开发培育更多的藤本植物品种以进一步满足高等级公路路体绿化的需要。

#### 4.2.2.4　草本植物

在列出的 71 种华北平原区高等级公路路体绿化常用植物中，草本物种共有 27 种，占到 38.03%，比例偏高，物种较为丰富。但总体评价结果却不容乐观。在 27 种常用草本物种中，地肤（*Kochia scoparia*）的综合评价得分最高，为 3.96；玉簪的综合评价得分最低，为 2.74，整体表现不高。主要原因是草本物种虽然具有较强的观赏性，但生态适应性较差，生态效益偏低，且绿化成本较高，维护复杂。同时，不同草本物种的综合评价结果差异显著。现将其根据综合评价得分兼顾均衡的原则进行等级划分，见表 4-10。

**表 4-10　华北平原区高等级公路路体绿化常用草本物种评价分级**

| 等级 | 分数区间（$X$） | 植物名称 |
|---|---|---|
| Ⅰ | $X>3.6$ | 地肤、二月蓝、野牛草、半枝莲、高羊茅、黑麦草、结缕草 |
| Ⅱ | $3.6\geqslant X>3.2$ | 早熟禾、鸡冠花、荷兰菊、蜀葵、土麦冬、万寿菊、垂盆草、雁来红、翠菊、黑心菊、一串红、虞美人、长春花 |
| Ⅲ | $X\leqslant 3.2$ | 矮牵牛、彩叶草、大丽花、三色堇、白三叶、秋海棠、玉簪 |

由表 4-10 可见，处于第Ⅰ等级的物种有地肤、二月蓝（*Orychophragmus violaceus*）、野牛草、半枝莲（*Scutellaria barbata*）、高羊茅（*Festuca elata*）、黑麦草（*Lolium perenne*）、结缕草（*Zoysia japonica*）等 7 种。在公路路体绿化中应用草花物种时，可以优先选用。处于第Ⅱ等级的物种有早熟禾（*Poa annua*）、鸡冠花（*Celosia cristata*）、荷兰菊（*Aster novi-belgii*）、蜀葵（*Althaea rosea*）、土麦冬（*Radix Liriopes*）、万寿菊（*Tagetes erecta*）、垂盆草（*Sedum sarmentosum*）、雁来

红（*Amaranthus tricolor*）、翠菊（*Callistephus chinensis*）、黑心菊（*Rudbeckia hirta*）、一串红（*Salvia splendens*）、虞美人（*Papaver rhoeas*）、长春花（*Catharanthus roseus*）等，共计13种，这些草本物种可以作为补充备选应用在公路路体绿化相应部位。处于第Ⅲ等级的物种有矮牵牛（*Petunia hybrida*）、彩叶草（*Coleus scutellarioides*）、大丽花（*Dahlia pinnata*）、三色堇（*Viola tricolor*）、白三叶（*Trrifolium repens*）、秋海棠（*Begonia grandis*）、玉簪等7种。在应用时一定要考虑具体路段状况，慎重选择。需要指出的是，在路体绿化一些特殊部位，例如边坡绿化等，草本物种的作用是不可替代的。综合比较，草坪植物比草花类普遍表现良好，冷型草比暖型草普遍表现好。虽然草本植物目前尚不能完全满足公路路体绿化的要求，但是，在一些要求标准超高的特殊路段区域，可以投入更多的资金应用较多的草本花卉以期达到更佳的景观效果。或是，在一些特殊时期，临时布置一些时令花卉以满足特殊需要。同时，尽管现在草本物种应用的种类比较多，但真正适应性强、生态效益显著、满足安全功能需要的物种却很少，需要进一步挖掘、引进、培育更多的新的草本物种。

## 4.3 高等级公路路体绿化适用植物

为了解决绿化景观物种单一，生态系统不稳定等问题，通过对华北平原区常用绿化植物的表现分析，结合高等级公路路体绿化立地类型的特点，在上述华北平原区高等级公路路体绿化常用物种综合评价的基础上，得出了华北平原区高等级公路路体绿化立地条件类型对应植物，见表4-11。

**表4-11 华北平原区高等级公路路体绿化适用植物表**

| 立地类型 | 推荐植物名称 |
|---|---|
| 中央分隔带 | 侧柏、龙柏、球柏、沙地柏、紫叶小檗、地柏、黄栌、金叶女贞、小叶黄杨、大叶黄杨、玫瑰、金银木、黄刺玫、红瑞木、连翘、木槿、丁香、扶芳藤、地肤、紫荆、二月蓝、野牛草、榆叶梅、高羊茅、半枝莲、黑麦草、月季、结缕草、早熟禾、鸡冠花、荷兰菊、蜀葵、万寿菊、垂盆草、雁来红、紫薇、翠菊、黑心菊、一串红、虞美人、长春花、大花秋葵 |

（续）

| 立地类型 | 推荐植物名称 |
| --- | --- |
| 阳坡 | 沙地柏、小叶黄杨、大叶黄杨、玫瑰、红瑞木、野牛草、半枝莲、黑麦草、结缕草、早熟禾、鸡冠花、荷兰菊、万寿菊、雁来红、翠菊、黑心菊、黄栌、黄刺玫、木槿、丁香、二月蓝、一串红、金叶女贞、金银木、蜀葵、虞美人、蔷薇、地肤、连翘 |
| 阴坡 | 爬山虎、五叶地锦、扶芳藤、蔷薇、地肤、连翘、垂盆草、长春花、早熟禾、黄刺玫、丁香、金银木、玫瑰、半枝莲、万寿菊、黄栌、木槿、二月蓝、蜀葵 |
| 路侧 | 侧柏、刺槐、槐、构树、白蜡、毛白杨、火炬树、油松、龙柏、馒头柳、旱柳、法国梧桐、绦柳、元宝枫、银杏、杜仲、栾树、合欢、球柏、沙地柏、铺地柏、黄栌、金叶女贞、小叶黄杨、大叶黄杨、玫瑰、金银木、黄刺玫、红瑞木、连翘、木槿、丁香、扶芳藤、爬山虎、五叶地锦、蔷薇、地肤、二月蓝、野牛草、半枝莲、高羊茅、黑麦草、结缕草、早熟禾、鸡冠花、荷兰菊、蜀葵、土麦冬、万寿菊、垂盆草、雁来红、翠菊、黑心菊、一串红、虞美人、长春花 |

## 4.4　高等级公路路体绿化植物适应性实证评价

京石高速公路（河北段）中央分隔带绿化应用植物有 13 种，综合评价结果，见表 4-12。

**表 4-12　京石高速公路（河北段）中央分隔带绿化应用植物评价等级表**

| 等级 | 植物名称 |
| --- | --- |
| Ⅰ | 球柏、金叶女贞、紫叶小檗、野牛草 |
| Ⅱ | 大叶黄杨、金银木、红瑞木、木槿、月季、紫荆、榆叶梅、紫薇 |
| Ⅲ | 大花秋葵 |

京石高速公路（河北段）中央分隔带绿化应用植物综合评价结果表明，针叶树球柏评分最高 4.905，紫薇评分最低 3.613。从总体看，综合评价从高到低依次为针叶树、灌木类、草本类。草本类植物缺少防眩功能，所以其评分较低；野牛草评分较高达到了 4.559。在 13 种绿化植物中，属于第Ⅰ等级有球柏、金叶女贞、紫叶小檗（*Ber-*

*beristhunbergii* var. *atropurpurea*)、野牛草等 4 种，占 30.77%。属于第Ⅱ等级有大叶黄杨、金银木、红瑞木、木槿、月季、紫荆、榆叶梅(*Amygdalus triloba*)、紫薇等 8 种，占 61.54%。属于第Ⅲ等级仅大花秋葵，占 7.69%。现应用的植物都基本达到要求。所以，在京石高速公路（河北段）中央分隔带绿化改造提升项目中的主导树种建议使用常绿针叶树，可通过适当增加花灌木的应用数量与种类，减少丰花月季、紫薇等的应用，来建立更多的复合生态型的植物配置方式。优先选用野牛草为绿地地被植物，慎重应用大花秋葵，并尝试引入新的绿化物种来丰富景观效果，提高生态稳定性。

# 第5章

# 华北平原高等级公路路体绿化植物配置评价

高等级公路路体绿化植物配置是指绿化植物种群在高等级公路路体的某一特定空间或生境下，有规律地进行组合，并且有一定的植物种类。而植物种类与种类之间具有一定的结构、形态还有功能，物种与物种或物种与环境之间都相互影响，相互作用着。高等级公路路体绿化植物配置在人工群落中比较典型、单一，同时也比较规整、规律、重复。

本章通过对高等级公路路体绿化功能分析，提出其植物配置评价指标体系框架，以及基于回归分析和层次分析法的评价方法，以期能够客观地评价高等级公路路体绿化植物群落配置效果。

## 5.1 路体绿化常见植物配置类型

在高等级公路路体绿化应用的植物配置类型主要有：①单乔型有一种乔木物种构成，又可分为单一针叶乔木类型、单一落叶乔木类型，常应用于路侧绿化、中央分隔带绿化；②单灌型即由一种灌木物种构成植物群落，常应用于中央分隔带绿化、路侧绿化等；③混乔型指植物群落有两个及多个乔木物种构成，其中又可细分为落叶乔木混合型、针叶乔木混合型、针—落乔木混合型等 3 个类型，多用于路侧绿化；④混灌型指植物群落有两个及以上灌木物种构成，多用于路侧绿化、中央分隔带绿化；⑤单草（藤）型指有一种草本植物或藤本植物构成绿化植物群落，多应用于边坡绿化；⑥混草型指有两种以上草本植物物种构成绿化植物群落。多应用于边坡绿化；⑦乔灌型有乔木、灌木两种以上植物物种构成，多应用于路侧绿化；⑧灌草型有灌木、草本两种以上绿化植物构成植物群落，在高等级公路路体绿化中均有应用；⑨乔草型有乔木、草本两种以上植物物种构成植物群落，常应用于路侧绿化；⑩乔灌草型有乔木、灌木、草本等3种植物类型多个植物物种构成植物群落，多应用于路侧绿化。

在常见的高等级公路路体绿化植物配置类型中，通常认为复式结构植物配置类型相比单一结构植物配置类型较为稳定，生态功效、施工技术要求较高，且经济成本也是相对较高的。不同物种构成，不同类型，不同形式的植物群落在稳定性、功效性等方面存在较大差异。

## 5.2 评价指标体系构建

在研究现阶段相关文献的基础上，提出初步评价指标。为使评价指标体系具有科学性和可操作性，在征询有关专家对初步评价指标提出的意见后，对评价指标进行一定调整，采用主成分分析将指标体系进一步优化，再将内涵丰富又相对独立的指标选出来作为评价指标，最终确定高等级公路路体绿化植物群落评价指标体系。

### 5.2.1 评价指标确定

对高等级公路路体绿化植物配置而言，评价其群落配置的优劣，应包括植物群落的结构、稳定性、功效等方面。因此，高等级公路路体绿化植物群落评价要素应包含以下几个方面内容。

#### 5.2.1.1 植物配置结构评价要素（$B_1$）指标选择与赋值

5.2.1.1.1 物种组成（$C_{11}$）

高等级公路路体绿化通过植物配置形成人工植物群落，是由一定的植物物种所组成的。不同植物配置的植物种类组成和数量是不同的。群落内每个物种都可将生境特征和群落内部的生活状况进行表达，因为其都具有一定的生态幅度，而且和其他物种以及周围的环境之间有一定的相互关系。

树种间关系表现模式是树种间通过复杂的相互作用最终达到平衡的结果。主要表现为有利（相互促进、相互补充、相互帮助的正作用关系）和有害（种间竞争、种间抑制）两种情况。所以树种间作用方式主要是中性、促进及抑制三种形式的排列组合。单方面利害主要有 0 -、0 +、- 0 和+ 0，双方面利害主要有- -、+ +、- +、+ -。其中-代表抑制，+代表促进、0 代表无影响。

其评价采用五级标度赋值，标准见表 5-1。

**表 5-1　物种组成指标赋值标准**

| 分值 | 5 | 4 | 3 | 2 | 1 |
|---|---|---|---|---|---|
| 标准 | 非常合理 | 合理 | 一般 | 较差 | 差 |

5.2.1.1.2　生活型构成（$C_{12}$）

植物群落的生活型是指植物群落生物不仅长期适应综合环境，而且也会从外貌上体现出来的一种类型。其还可提供某一群落对特定因子反应、利用空间、在群落中或许存在某种竞争关系这 3 方面的信息（江洪，1994）。

可将高等植物以 Raunkiaer 生活型标准划分成高位芽植物（Phanerophytes）、地上芽植物（Chamaephytes）、地面芽植物（Hemicryptophytes）、隐芽植物（Cryptophytes）、一年生植物（Therophytes）5 个生活型。

高等级公路路体绿化在植物配置过程中，遵循的一个重要原则就是适地适树，也就是说植物配置选择的物种一定要与当地气候相适应。一般说来，植物群落的生活型谱能够反映出植物配置与当地气候特征相适应的状况。高位芽植物在那些生长季节中温热多湿的地域植物群落中占优势，地面芽植物在长期严寒季节的地域植物群落中占优势，地下芽植物在条件比较冷、湿的植物群落中占优势，而一年生植物则在气候干旱的地域植物群落中最丰富。

其评价采用 5 级标度赋值，标准见表 5-2。

**表 5-2　生活型指标赋值标准**

| 分值 | 5 | 4 | 3 | 2 | 1 |
|---|---|---|---|---|---|
| 标准 | 非常适应 | 适应 | 一般 | 较差 | 差 |

5.2.1.1.3　物种多样性（$C_{13}$）

在植物群落中，其物种的数目和各个物种的个体数目分配的均匀度即所谓的植物群落物种。它不仅能够揭示植物组织水平上的生态基础，而且能够反应出群落的结构类型、发展阶段、稳定程度以及生境差异，进而能够体现出该群落的组成、结构、功能和动态异质性。高等级公路路体绿化绿地景观其中的一个基本特征就是植物群落的物种多样性。它不仅从生态结构方面为公路路体的绿化奠定着基础，而且也在外观形态中很大程度上丰富了公路路体绿化景观的异质性。不一样的树种在群落中处于不一样的地位，发挥作用也很不一样。

在本文中，用均匀度指数、物种多样性指数和丰富度指数（樊后保，2000；程瑞梅等，2000；马克平等，1995；洪伟等，2000；林开敏等，2001）这3类指数，来测定植物群落物种多样性。

评价采用5级标度赋值，标准见表5-3。

**表5-3　物种多样性指标赋值标准**

| 分值 | 5 | 4 | 3 | 2 | 1 |
|---|---|---|---|---|---|
| 标准 | 非常适应 | 适应 | 一般 | 较差 | 差 |

5.2.1.1.4　种间联结性（$C_{14}$）

植物群落的组成不是堆积的杂乱无章，而是组合的很有规律，在某种自然条件下，总是由一定的植物种类组成。在选配绿化植物的时候要考虑到以下两方面：一方面是它们的生态习性，另一方面要注意植物种间的这种联结关系。而本文是根据分析植物物种间的联结关系来分析植物配置的科学性的。

①成对物种间联结性检验：先列出关于植物种两两间2×2的联列表（表5-4），然后计算 $a$，$b$，$c$，$d$ 的实测值，再将其代入 $x^2$ 公式进行显著性检验。

当 $ad-bc=0$ 时，两个物种是相互独立的；$ad-bc>0$ 时，两个物种之间呈正联结；$ad-bc<0$ 时，两个种之间呈负联结。其显著性程度可比较 $x^2$ 表中自由度 $n=1$ 时，$P=0.05$ 和 $P=0.1$ 的值。当 $x^2<3.841$ 时，2个种之间的正（负）联结不明显；当 $3.841\leqslant x^2<6.635$ 时，2个种之间的正（负）联结性显著；当 $x^2\geqslant 6.635$ 时，2个种之间的正

（负）联结性极显著（万五星，2001）。

**表 5-4　2×2 联列表**

| | | 种 B | | Σ |
|---|---|---|---|---|
| | | 有 | 无 | |
| 种 A | 有 | $a$ | $b$ | $a+b$ |
| | 无 | $c$ | $d$ | $c+d$ |
| | Σ | $a+c$ | $b+d$ | $T=a+b+c+d$ |

注：$a$ 表示 2 个种同时存在的样方数；$b$ 表示仅有种 A 存在的样方数；$c$ 表示仅有种 B 存在的样方数；$d$ 表示 2 个种都不存在的样方数。

②配置科学性：$x^2$检验的指标是 $P<0.01$ 和 $P<0.05$，它能够把种间的联结性表现的比较准确和客观，但是 JI 指数不能体现显著的联结性，能体现出由 $x^2$扩检验证明不显著的联结性。所以，本文将 $X^2$ 检验和关联度指数相结合，一起来测定植物种的联结性关系，认为联结性大的植物配置是科学的。

评价采用 5 级标度赋值，标准见表 5-5。

**表 5-5　种间关联性指标赋值标准**

| 分值 | 5 | 4 | 3 | 2 | 1 |
|---|---|---|---|---|---|
| 标准 | 大 | 较大 | 一般 | 较小 | 小 |

#### 5.2.1.2　植物配置活力评价要素（$B_2$）指标选择与赋值

树木活力度指树木的枝、叶、梢、树型等各个部位的生长状况和健康程度，能够综合反应树木从其生长环境中受到的全部影响。它的健康状态是在一定时间因素内，综合地反映其生活环境条件的最好尺度，也是反映群落本身稳定或脆弱的最直观反映。

5.2.1.2.1　植被覆盖度（$C_{21}$）

植被覆盖度是指在单位面积里，植被（包括叶、茎、枝）的垂直投影面积所占的百分比（Purevd et al，1998；Anatoly et al，2002；周国林等，1982；章文波等，2001）。植被覆盖度是一个重要参数，能够描述植被群落和生态系统整体特征。它也是一个综合量化指标，能够反映植物群落覆盖地表的状况。在数据计算中，有盖度（coverage）与相对盖度（relative coverage）。

计算公式为：

$$盖度 = 某物种投影面积/样地面积 \times 100\% \quad (5\text{-}1)$$

$$相对盖度（RC）= 某物种盖度/所有物种盖度之和 \times 100\% \quad (5\text{-}2)$$

本文采用盖度计算植被覆盖度。评价采用5级标度赋值，标准见表5-6。

**表5-6 植被覆盖度指标赋值标准**

| 分值 | 5 | 4 | 3 | 2 | 1 |
|---|---|---|---|---|---|
| 标准 | $C \geq 75\%$ | $75\% > C \geq 50\%$ | $50 > C \geq 25\%$ | $25\% > C \geq 5\%$ | $C < 5\%$ |

5.2.1.2.2 植被存活状况（$C_{22}$）

植被存活状况采用植被成活率和保存率来衡量，成活率来评价。成活率计算公式如下：

$$栽植成活率 = 一个生长季节的成活株数/总栽植株数 \quad (5\text{-}3)$$

$$保存率 = 两年后的成活株数/总栽植株数 \quad (5\text{-}4)$$

栽植成活率、保存率的衡量指标分级标准为：成活率达100%~95%为优秀，95%~90%为良好，90%~85%一般，80%~85%为较差，80%以下为很差。

植被存活状况指标评价采用5级标度赋值，标准见表5-7。

**表5-7 植被存活状况指标赋值标准**

| 分值 | 5 | 4 | 3 | 2 | 1 |
|---|---|---|---|---|---|
| 标准 | 优秀 | 良好 | 一般 | 较差 | 很差 |

5.2.1.2.3 植被生长状况（$C_{23}$）

对植被生长状况进行评价可以很好地说明植物配置活力情况。具有良好活力的植被应该是植物生长良好，其生理过程正常；植物枝繁叶茂，绿地的生物量增加。反之，则相反。

植被生长状况指标评价采用5级标度赋值，标准见表5-8。

表 5-8　植被生长状况指标赋值标准

| 分值 | 5 | 4 | 3 | 2 | 1 |
|---|---|---|---|---|---|
| 标准 | 优秀 | 良好 | 一般 | 较差 | 很差 |

5.2.1.2.4　植被健康状况（$C_{24}$）

植被健康状况是评价植物配置活力方面的另一个重要指标。植物配置形成的植被群落健康与否直接关系到植物配置的稳定性，以及其各种功效的发挥。一个成功的植物配置应该有利于减少植物病虫害、提高生态适应性，比如抗旱、抗寒以及抗风等性能的提高，增强植物群落的稳定性，以便充分发挥其在生态、安全、景观等方面的功效。

植被健康状况指标评价采用 5 级标度赋值，标准见表 5-9。

表 5-9　植被健康状况指标赋值标准

| 分值 | 5 | 4 | 3 | 2 | 1 |
|---|---|---|---|---|---|
| 标准 | 非常健康<br>植被枝冠完整，无病虫害 | 良好<br>植被有 10%枯枝，无病虫害 | 一般<br>植被有 20%枯枝，病虫害 10% | 较差<br>植被有 40%枯枝，病虫害 20% | 很差<br>植被有 60%枯枝，病虫害 40% |

### 5.2.1.3　植物配置功效评价要素（$B_3$）指标选择与赋值

5.2.1.3.1　生态功效（$C_{31}$）

不同植物群落的生态效益差别很大。绿化的覆盖面积、绿化的结构和植被类型共同决定了绿化的生态效益。植物群落生态功能效果与其植物种类、配置方式关系密切。本文利用绿量作为综合评价指标，可对量化不同植物群落的生态功能起到了标准的定量作用，为高等级公路路体绿化生态效益的定量评价分析提供了合理的基础手段，能较准确地反映植物群落构成的合理性和生态效益。

某一绿化植物群落区域的总绿量计算公式如下：

$$G = \sum_{i=1}^{n} S_i G_i \tag{5-5}$$

式中：$G$——某一绿化植物群落区域绿量，$m^2$；

$S_i$——该区域第 $i$ 种植物所占面积，$m^2$；

$G_i$——该区域第 $i$ 种植物的绿量率；

$n$——该区域所有植物种数。

根据上式可以方便地计算出某一植物群落区域绿量，并比较不同区域之间绿化生态效益的大小以及绿化结构的差异。

各植物配置样本的绿量率进行归一化，公式如下：

$$G_i' = \frac{G_i}{G_{\max}} \tag{5-6}$$

式中：$G_i'$——第 $i$ 种植物配置的绿量率归一化值；

$G_i$——第 $i$ 种植物配置的绿量率；

$G_{\max}$——在植物配置样本中绿量率最大值。

植物配置生态功效指标评价采用 5 级标度赋值，标准见表 5-10。

**表 5-10 生态功效指标赋值标准**

| 分值 | 5 | 4 | 3 | 2 | 1 |
|---|---|---|---|---|---|
| 标准 | $G_i' \geqslant 0.9$ | $0.9 > G_i' \geqslant 0.8$ | $0.8 > G_i' \geqslant 0.7$ | $0.7 > G_i' \geqslant 0.6$ | $G_i' < 0.6$ |

5.2.1.3.2 安全功效（$C_{32}$）

高等级公路绿化景观建设是对高等级公路车行环境质量的提高，也是安全保障之一。绿化景观可以降低公路噪声、光污染、消除大脑及眼睛的疲劳，从而使驾驶员的精神状态更佳，工作状态更良好。除此之外，边坡绿化具有固土护坡，防止边坡滑坡及水土流失；中央分隔带绿化具备防眩功能；边坡绿化具有固土护坡，防止边坡滑坡及水土流失；路侧和中央分隔带绿化能够引导司机的视线，告知司机在行驶过程中道路线形发生了变化，从而保证司机行驶的安全。

高等级公路路体绿化在植物群落配置上首先要求满足交通安全性。对于高等级公路路体绿化的安全性来说，不同部位不同条件的绿化植物群落配置具体要求各不相同。在衡量评价高等级公路路体绿化植物群落安全功能效果时，除了要考虑选择植物种类、配置方式以及植物生长是否良好等因子外，还需要注意不同部位的绿化植物群落的评价要素及指标要求随着安全功能要求的改变而变化。高等级公路路体绿化植物群落典型安全功能评价主要有以下三个方面。

第一，中央分隔带植物群落防眩能力。根据绿化防眩遮光的原理，与防眩能力有关的方面主要包括植物的高度、株距以及绿化覆盖状况、生长状况等。以下几个方面是我们进行评价的标准。

①防眩绿化植物的高度：其受一些不确定因素影响，包括道路状况、车型状况、车辆前照灯的高度以及驾驶员的视线高度等。如果防眩绿化植物的高度太高，那么会由于压迫感不利于司乘人员的心理，而且阳光斜照树影又会形成更多的眩光，但如果高度过低，就不能起到防眩的功能。所以理论上分隔带种树的高度一般≮1.5m（机动车辆的远光灯均<1.3 m），由此可建议防眩绿化植物合理的高度为1.5~1.6 m。

②防眩绿化植物宽度：为使树木在不连续种植能达到防眩的目的，其间距可作如下计算：

$$L = M/\text{tg}\alpha \qquad (5\text{-}7)$$

式中：$L$——树木的间距；

$M$——植株的树冠直径下限或树篱宽度下限；

$\alpha$——汽车灯光斜射角度，一般按10度计算。

③绿化覆盖状况：绿化覆盖率是指已绿化的路段与应绿化的路段的比值，可以来度量绿化的覆盖状况。

④生长状况：生长状况是指植物在生长过程中是否健壮，是否存在病虫害和枯枝，生长状况是否影响行车视线等。

我国中央分隔带的宽度可作为树冠直径选择的参照标准，应该控制的范围是50~100 cm。由于计算依据不相同，植物栽植的间隔还没有现行的规范，所以这个问题一直需要研究。根据一些文件的相关研究，植物净空间隔的合理范围建议为2~6 m，中央分隔带建议在3 m以内，而种植的有效宽度如果小于1 m，那么树木的培育和管护会有困难，不仅会使驾驶员产生压迫感，而且巡逻车辆对车道的通视也会出现一定的影响。因此，防眩必须先通过满足安全性来保证其最大的通透性。

第二，边坡植物群落固土护坡能力。公路的边坡部位在土壤结构和植被方面都遭到了严重的破坏，所以公路边坡破坏最严重的部位非其莫属。由于边坡存在一定的角度，长时间在雨水的冲刷下会造成边坡一些水土流失的问题，这可引发出更多的环境问题。因此，边坡植物群落配置首先要满足固土护坡的需要，从安全角度合理配置边坡绿化植物。在对边坡植物群落进行评价分析比较时，应考虑植物群落物种的现实表现，如物种根系状况、抗性、绿化覆盖情况、植物配置方式、植物群落的多样性、稳定性、防止水土流失能力等方面。

第三，路侧植物群落安全功能效果。不同路侧植物群落绿化承担着各自的安全功能，主要有路侧绿化合理过渡，路侧植物横向控制、明暗过渡栽植等。不同路段不同位置的路侧绿化植物群落因安全功能要求不同，其评价分析选取的指标因子也会有所不同。植物群落在物种选择及配置上评价标准也不相同。

对于路侧绿化承担合理过渡安全功能植物群落来讲，不应有突变，在出入口处应逐渐拉大路侧乔木的种植间距，并在一定距离前配置具有提示作用的标志性植物。植物在路旁种植的位置和路肩边缘之间的距离是否合理是避免路旁的植物的枝叶影响行车时的视线的关键。这是路旁绿化植物带承担横向控制安全功能，保障行车安全的关键。

具有安全功能的路侧绿化植物群落承担着路边植物明暗过渡的重任，其配置具有吸收强光的能力，进而加剧植物明暗的差异。不影响行车视线的条件下，在隧道口应种植一些冠幅大、枝叶茂盛、遮光性强的植物。路旁植物的种植密度和高度采用渐变的方式过渡，距离隧道近处，路边的植物群落密度较小，高度较高；距离隧道远处，密度逐渐变大，高度变小，从隧道进出到远处以实现亮度由暗到明的渐变。

植物配置安全功效指标评价采用5级标度赋值，标准见表5-11。

**表5-11 安全功效指标赋值标准**

| 分值 | 5 | 4 | 3 | 2 | 1 |
|---|---|---|---|---|---|
| 标准 | 优秀 | 良好 | 一般 | 较差 | 差 |

#### 5.2.1.3.3 景观功效（$C_{33}$）

高等级公路路体绿化的功能之一就是创造优美、舒适的行车环境，形成独特的高等级公路路体景观。高等级公路路体绿化植物群落作为公路景观要素之一，其可通过植物的姿态、色彩、质感和优美的配置形式等带给人以美的享受，从而可使驾驶人员及乘客赏心悦目，舒缓高速行驶给予的压力，缓解旅途疲劳，提高出行质量。其具有动态性、多样性的特点。

对高等级公路路体绿化植物群落景观观赏效果进行评价分析的指标因子，应能够反映植物群落的物种组成、数量特征，生态适应表现、物种的可观赏性，群落配置与周围环境的协调程度，季相变化、色彩丰富度以及与当地人文文化的契合程度即是否有鲜明特色等方面。

植物配置景观功效指标评价采用 5 级标度赋值，标准见表 5-12。

表 5-12　景观功效指标赋值标准

| 分值 | 5 | 4 | 3 | 2 | 1 |
| --- | --- | --- | --- | --- | --- |
| 标准 | 优秀 | 良好 | 一般 | 较差 | 差 |

## 5.2.2　评价指标体系

构建高等级公路路体绿化植物配置评价指标体系，如图 5-1。

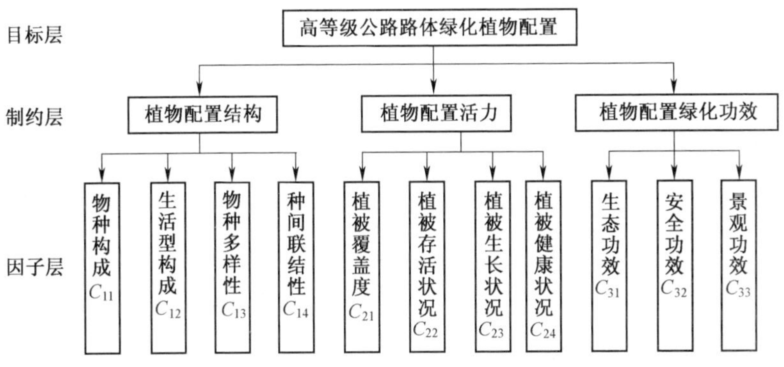


图 5-1　高等级公路路体绿化植物配置评价指标体系与模型

## 5.2.3　评价指标权重确定

为了保证指标体系权重分配的科学性和合理性，采用层次分析法（AHP）来修正权重，并邀请 15 位在公路养护评价方面经验丰富的专家对绿化植物配置进行比较评分，并用 MATLAB 软件对所得的判断矩阵进行计算，所得的指标权值结果，见表 5-13 至表 5-16。

**表 5-13　判断矩阵 *A-B***

| $A$ | $B_1$ | $B_2$ | $B_3$ | $W$ | 一次性检验 |
|---|---|---|---|---|---|
| $B_1$ | 1 | 1/3 | 1/2 | 0.151 | $\lambda_{max}=3.044$ |
| $B_2$ | 3 | 1 | 3 | 0.575 | $CI=0.022$ |
| $B_3$ | 2 | 1/3 | 1 | 0.274 | $CR=0.038<0.10$ |

**表 5-14　判断矩阵 $B_1$-$C_1$**

| $B_1$ | $C_{11}$ | $C_{12}$ | $C_{13}$ | $C_{14}$ | $W$ | 一次性检验 |
|---|---|---|---|---|---|---|
| $C_{11}$ | 1 | 3 | 3 | 2 | 0.419 | $\lambda_{max}=4.096$ $CI=0.032$ $CR=0.035<0.10$ |
| $C_{12}$ | 1/3 | 1 | 2 | 3 | 0.295 | |
| $C_{13}$ | 1/3 | 1/2 | 1 | 2 | 0.178 | |
| $C_{14}$ | 1/2 | 1/3 | 1/2 | 1 | 0.109 | |

**表 5-15　判断矩阵 $B_2$-$C_2$**

| $B_2$ | $C_{21}$ | $C_{22}$ | $C_{23}$ | $C_{24}$ | $W$ | 一次性检验 |
|---|---|---|---|---|---|---|
| $C_{21}$ | 1 | 5 | 4 | 4 | 0.063 | $\lambda_{max}=4.031$ $CI=0.010$ $CR=0.011<0.10$ |
| $C_{22}$ | 1/5 | 1 | 3 | 2 | 0.409 | |
| $C_{23}$ | 1/4 | 1/3 | 1 | 1/3 | 0.211 | |
| $C_{24}$ | 1/4 | 1/2 | 3 | 1 | 0.316 | |

**表 5-16　判断矩阵 $B_3$-$C_3$**

| $B_3$ | $C_{31}$ | $C_{32}$ | $C_{33}$ | $W$ | 一次性检验 |
|---|---|---|---|---|---|
| $C_{31}$ | 1 | 1/2 | 3 | 0.344 | $\lambda_{max}=4.032$ |
| $C_{32}$ | 2 | 1 | 4 | 0.535 | $CI=0.011$ |
| $C_{33}$ | 1/3 | 1/4 | 1 | 0.121 | $CR=0.012<0.10$ |

计算 $C$ 总排序值（表 5-17），获得各指标因子的最终权重。

**表 5-17　层次总排序**

| $A$ | $Bw$ | $C$ | $Cw$ | 总排序 |
|---|---|---|---|---|
| $B_1$ | 0.151 | C11 | 0.419 | 0.063 |
| | | C12 | 0.295 | 0.045 |
| | | C13 | 0.178 | 0.027 |
| | | C14 | 0.109 | 0.016 |

（续）

| A | Bw | C | Cw | 总排序 |
|---|---|---|---|---|
| $B_2$ | 0.575 | C21 | 0.063 | 0.036 |
| | | C22 | 0.409 | 0.235 |
| | | C23 | 0.211 | 0.121 |
| | | C24 | 0.316 | 0.182 |
| $B_3$ | 0.274 | C31 | 0.344 | 0.094 |
| | | C32 | 0.535 | 0.147 |
| | | C33 | 0.121 | 0.033 |

### 5.2.4　评价分值等级划分

根据现场实地勘察调查的资料，并按上述指标赋值标准通过主观综合打分进行分析汇总，换算成百分制，可得出高等级公路路体绿化植物配置评价得分。计算公式为：

$$F = F'/5 \times 100 \tag{5-8}$$

式中：$F$——百分制得分；

$F'$——5 级指标赋值得分。

分级标准见表 5-18。

**表 5-18　高等级公路路体绿化植物配置评价分数等级划分标准**

| 等级 | Ⅰ | Ⅱ | Ⅲ | Ⅳ |
|---|---|---|---|---|
| 分数范围 | 80~100 | 70~80 | 60~70 | <60 |

## 5.3　路体绿化常见植物配置评价

高等级公路路体绿化随着经济社会发展和科技进步，产生了多种植物配置模式。本研究基于华北平原区高等级公路路体绿化，选择了 13 种常见植物配置模型，其具体配置模式，见表 5-19。现对其进行评价分析。

表 5-19 华北平原区高等级公路路体绿化 13 种常见植物配置模型

| 序号 | 配置类型 | 配置名称 | 植物配置模型 |
| --- | --- | --- | --- |
| 1 | 单一落叶乔木型 | A | 毛白杨型 |
| 2 | 单一针叶乔木型 | B | 侧柏型 |
| 3 | 针—落乔木混合型 | C | 毛白杨+侧柏型 |
| 4 | 单灌型 | D | 黄刺玫型 |
| 5 | 乔灌型 | E | 圆柏+紫薇型 |
| 6 | 乔灌型 | F | 圆柏+紫叶李型 |
| 7 | 乔灌型 | G | 圆柏+丰花月季型 |
| 8 | 乔灌型 | H | 圆柏+紫荆型 |
| 9 | 乔灌型 | I | 圆柏+木槿型 |
| 10 | 灌草型 | J | 紫穗槐+野牛草型 |
| 11 | 单藤型 | K | 扶芳藤型 |
| 12 | 单藤型 | L | 爬山虎型 |
| 13 | 混草型 | M | 天堂草+紫羊茅+小冠花型 |

## 5.3.1 结构要素领域评价

### 5.3.1.1 物种构成（$C_{11}$）评价分析

按照本文 5.2 章节所述方法，邀请 25 名专家对 13 种植物配置模型进行物种构成（$C_{11}$）评价指标打分并计算，结果如图 5-2。

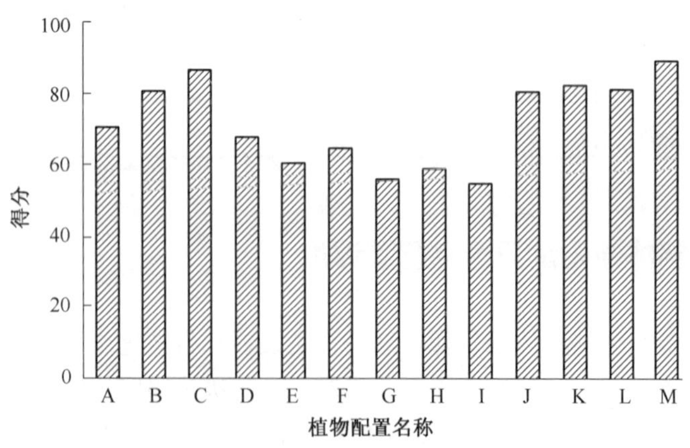


图 5-2 13 种常见植物配置物种构成评价得分

评价等级划分结果，见表 5-20。

**表 5-20　13 种常见植物配置物种构成评价等级划分**

| 等级 | 得分（X）分值范围 | 植物类型 |
| --- | --- | --- |
| Ⅰ | X≥80 | 侧柏、毛白杨+侧柏、紫穗槐+野牛草、扶芳藤、爬山虎、天堂草+紫羊茅+小冠花 |
| Ⅱ | 80>X≥70 | 毛白杨 |
| Ⅲ | 70>X≥60 | 黄刺玫、圆柏+紫薇、圆柏+紫叶李 |
| Ⅳ | X<60 | 圆柏+丰花月季、圆柏+紫荆、圆柏+木槿 |

由图 5-2、表 5-20 可以看到，在 13 种常见植物配置模式中，物种构成评价得分最高的是天堂草（*Cynodon dactylon* C. transadlensis ‘Tifdwarf’）紫羊茅（*Festuca rubra L.*）小冠花（*Coronilla varia* L.）型，为 90 分，得分最低的是圆柏+木槿型，仅为 55 分，二者差距显著。处于第Ⅰ等级的有 6 种植物配置模式，分别是侧柏型、毛白杨+侧柏型、紫穗槐+牛草、扶芳藤型、爬山虎型、天堂草+紫羊茅+小冠花型，占植物配置模式评价样本总数的 46. 15%；处于第Ⅱ等级的有 1 种植物配置模式，是毛白杨型，占植物配置模式评价样本总数的 7. 69%；处于第Ⅲ等级的有 3 种植物配置模式，分别是黄刺玫型、圆柏+紫薇型、圆柏+紫叶李型，占植物配置模式评价样本总数的 23. 08%；处于第Ⅳ等级的有 3 种植物配置模式，分别是圆柏+丰花月季型、圆柏+紫荆型、圆柏+木槿型，占植物配置模式评价样本总数的 23. 08%。由此可见，现在华北平原区高等级公路路体绿化常见植物配置模式物种组成总体是合理的，且较大一部分表现优良。但是，仍有一些植物配置在物种组成方面表现不理想，须慎重选择。

#### 5. 3. 1. 2　生活型（$C_{12}$）评价分析

按照本文 5. 2 章节所述方法，邀请 25 名专家对 13 种植物配置模型进行生活型（$C_{12}$）评价指标打分并计算，结果如图 5-3。

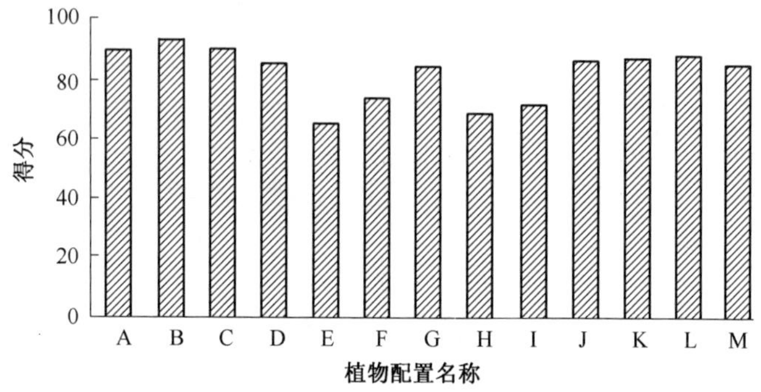


**图 5-3　13 种常见植物配置生活型评价得分**

评价等级划分结果，见表 5-21。

**表 5-21　13 种常见植物配置生活型评价等级划分**

| 等级 | 得分（$X$）分值范围 | 植物类型 |
|---|---|---|
| Ⅰ | $X \geq 80$ | 毛白杨、侧柏、毛白杨+侧柏、黄刺玫、圆柏+丰花月季、紫穗槐+野牛草、扶芳藤、爬山虎、天堂草+紫羊茅+小冠花 |
| Ⅱ | $80 > X \geq 70$ | 圆柏+紫叶李、圆柏+木槿 |
| Ⅲ | $70 > X \geq 60$ | 圆柏+紫薇、圆柏+紫荆 |
| Ⅳ | $X < 60$ | |

由图 5-3、表 5-21 可以看到，在 13 种常见植物配置模式中，生活型评价得分最高的是侧柏，为 93 分；得分最低的是圆柏+木槿，为 65 分，二者有一定差距。处于第Ⅰ等级的有 9 种植物配置模式，分别是毛白杨、侧柏、毛白杨+侧柏、黄刺玫、圆柏+丰花月季、紫穗槐+野牛草、扶芳藤、爬山虎、天堂草+紫羊茅+小冠花，占植物配置模式评价样本总数的 69. 23%；处于第Ⅱ等级的有 2 种植物配置模式，是圆柏+紫叶李、圆柏+木槿，占植物配置模式评价样本总数的 15. 38%；处于第Ⅲ等级的有 2 种植物配置模式，分别是圆柏+紫薇、圆柏+紫荆，占植物配置模式评价样本总数的 15. 38%；处于第Ⅳ等级的为零。由此可见，现在华北平原区高等级公路路体绿化常见植物配置模式生活型总体表现优良，但是，仍有一些植物配置在生活型方

面表现一般，在应用时应引起注意。

#### 5.3.1.3　物种多样性（$C_{13}$）评价分析

按照本章 5.2 节所述方法，邀请 25 名专家对 13 种植物配置模型进行物种多样性（$C_{13}$）评价指标打分，并计算。结果如图 5-4。

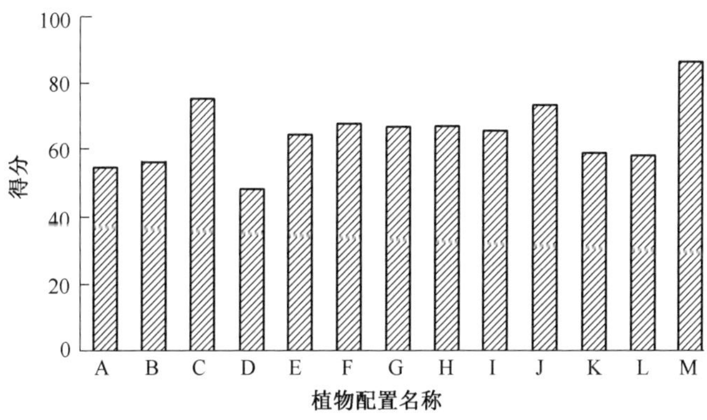


**图 5-4　13 种常见植物配置物种多样性评价得分**

评价等级划分结果，见表 5-22。由图 5-4、表 5-22 可以看到，在 13 种常见植物配置模式中，物种多样性评价得分最高的是天堂草+紫羊茅+小冠花型，为 86 分；得分最低的是黄刺玫型，仅为 48 分，二者差距显著。处于第Ⅰ等级的仅有 1 种植物配置模式，即天堂草+紫羊茅+小冠花型，占植物配置模式评价样本总数的 7.69%；处于第Ⅱ等级的有 2 种植物配置模式，分别是毛白杨+侧柏型、紫穗槐+野牛草型，占植物配置模式评价样本总数的 15.38%；处于第Ⅲ等级的有 5 种植物配置模式，分别是圆柏+紫薇型、圆柏+紫叶李型、圆柏+丰花月季型、圆柏+紫荆型、圆柏+木槿型，占植物配置模式评价样本总数的 38.46%；处于第Ⅳ等级的有 5 种植物配置模式，分别是毛白杨型、侧柏型、黄刺玫型、扶芳藤型、爬山虎型，占植物配置模式评价样本总数的 38.46%。由此可见，现在华北平原区高等级公路路体绿化常见植物配置模式物种多样性总体水平不高，且较大一部分植物配置模式物种单一，多样性较差。引进新的物种，丰富植物配置组合成为华北平原区高等级公路路体绿化亟须解决的一大难题。

表 5-22 13 种常见植物配置物种多样性评价等级划分

| 等级 | 得分（X）分值范围 | 植物类型 |
|---|---|---|
| Ⅰ | X≥80 | 天堂草+紫羊茅+小冠花 |
| Ⅱ | 80>X≥70 | 毛白杨+侧柏、紫穗槐+野牛草 |
| Ⅲ | 70>X≥60 | 圆柏+紫薇、圆柏+紫叶李、圆柏+丰花月季、圆柏+紫荆、圆柏+木槿 |
| Ⅳ | X<60 | 毛白杨、侧柏、黄刺玫、扶芳藤、爬山虎 |

### 5.3.1.4 种间联结性（$C_{14}$）评价分析

按照本文 5.2 章节所述方法，邀请 25 名专家对 13 种植物配置模型进行种间联结性（$C_{14}$）评价指标打分，并计算，结果如图 5-5。

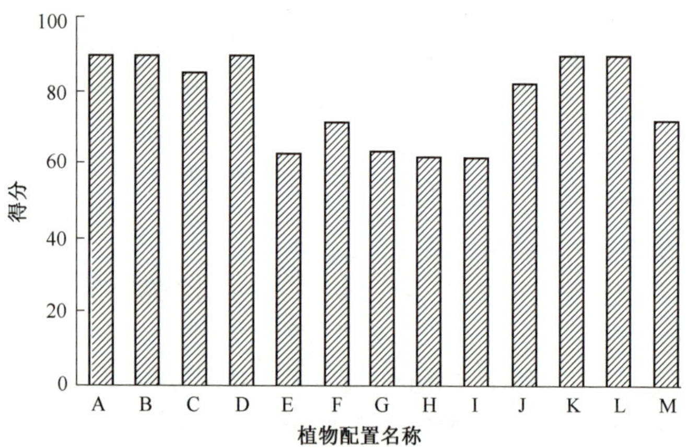


图 5-5 13 种常见植物配置种间联结性评价得分

评价等级划分结果，见表 5-23。

表 5-23 13 种常见植物配置种间联结性评价等级划分

| 等级 | 得分（X）分值范围 | 植物类型 |
|---|---|---|
| Ⅰ | X≥80 | 毛白杨、侧柏、毛白杨+侧柏、黄刺玫、紫穗槐+野牛草、扶芳藤、爬山虎 |
| Ⅱ | 80>X≥70 | 圆柏+紫叶李、天堂草+紫羊茅+小冠花 |
| Ⅲ | 70>X≥60 | 圆柏+紫薇、圆柏+丰花月季、圆柏+紫荆、圆柏+木槿 |
| Ⅳ | X<60 | |

由图 5-5、表 5-23 可以看到，在 13 种常见植物配置模式中，种间联结性评价得分最高的是毛白杨、侧柏、黄刺玫、扶芳藤、爬山虎等 5 个植物配置模式，同为 90 分；得分最低的是圆柏+紫荆、圆柏+木槿，同为 62 分，二者存在一定差距。处于第Ⅰ等级的有 7 种植物配置模式，分别是毛白杨、侧柏、毛白杨+侧柏、黄刺玫、紫穗槐+野牛草、扶芳藤、爬山虎，占植物配置模式评价样本总数的 53.85%；处于第Ⅱ等级的有 2 种植物配置模式，分别是圆柏+紫叶李、天堂草+紫羊茅+小冠花，占植物配置模式评价样本总数的 15.38%；处于第Ⅲ等级的有 4 种植物配置模式，分别是圆柏+紫薇、圆柏+丰花月季、圆柏+紫荆、圆柏+木槿，占植物配置模式评价样本总数的 30.77%；处于第Ⅳ等级的植物配置模式为零。由此可见，现在华北平原区高等级公路路体绿化常见植物配置模式种间联结性总体水平较高，同时，也要清醒地看到，单一物种构成群落促使本指标得分分值偏高。

#### 5.3.1.5　结构要素领域（$B_1$）综合评价分析

按照本章 5.2 节所述方法，根据专家对 13 种植物配置模型的结构要素领域 4 个评价指标的打分，按照前述章节结构要素领域确定的权重，计算各植物配置模型的结构要素领域综合评价得分，分别见表 5-24、如图 5-6。

**表 5-24　13 种植物配置模型结构要素领域评价指标分值表**

| 序号 | 植物配置 | $C_{11}$ 得分 | $Wc_{11}$ | $C_{12}$ 得分 | $Wc_{12}$ | $C_{13}$ 得分 | $Wc_{13}$ | $C_{14}$ 得分 | $Wc_{14}$ | $B_1$ 得分 |
|---|---|---|---|---|---|---|---|---|---|---|
| 1 | A | 71 | 0.419 | 89 | 0.295 | 54 | 0.178 | 90 | 0.109 | 75.426 |
| 2 | B | 81 | | 93 | | 56 | | 90 | | 81.152 |
| 3 | C | 87 | | 90 | | 75 | | 85 | | 85.618 |
| 4 | D | 68 | | 85 | | 48 | | 90 | | 71.921 |
| 5 | E | 61 | | 65 | | 65 | | 63 | | 63.171 |
| 6 | F | 65 | | 73 | | 68 | | 72 | | 68.722 |
| 7 | G | 56 | | 84 | | 67 | | 64 | | 67.146 |
| 8 | H | 59 | | 68 | | 67 | | 62 | | 63.465 |

（续）

| 序号 | 植物配置 | $C_{11}$ 得分 | $Wc_{11}$ | $C_{12}$ 得分 | $Wc_{12}$ | $C_{13}$ 得分 | $Wc_{13}$ | $C_{14}$ 得分 | $Wc_{14}$ | $B_1$ 得分 |
|---|---|---|---|---|---|---|---|---|---|---|
| 9 | I | 55 | | 71 | | 66 | | 62 | | 62.496 |
| 10 | J | 81 | | 86 | | 73 | | 82 | | 81.241 |
| 11 | K | 83 | | 87 | | 59 | | 90 | | 80.754 |
| 12 | L | 82 | | 88 | | 58 | | 90 | | 80.452 |
| 13 | M | 90 | | 85 | | 86 | | 72 | | 85.941 |

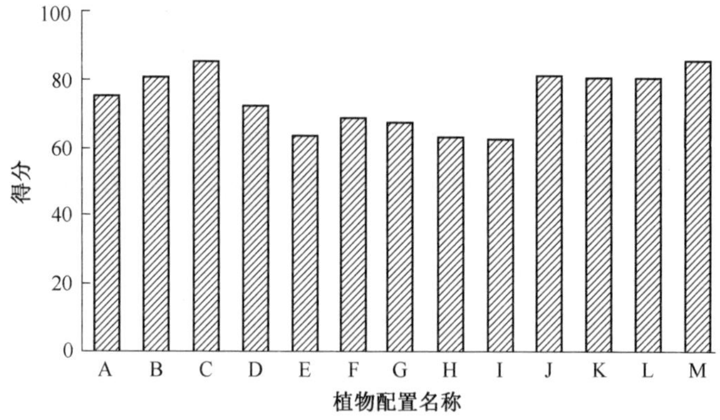


**图 5-6　13 种常见植物配置结构要素领域综合评价得分**

评价等级划分结果见表 5-25。由图 5-6、表 5-24、表 5-25 可以看到，在 13 种常见植物配置模式中，结构要素领域综合评价得分最高的是天堂草+紫羊茅+小冠花型，为 85.941 分；得分最低的是圆柏+木槿型，为 62.50 分，二者存在一定差距。处于第Ⅰ等级的有 6 种植物配置模式，分别是侧柏、毛白杨+侧柏、紫穗槐野牛草群落、扶芳藤、爬山虎群落、天堂草+紫羊茅+小冠花，占植物配置模式评价样本总数的 46.15%；处于第Ⅱ等级的有 2 种植物配置模式，是毛白杨、黄刺玫群落，占植物配置模式评价样本总数的 15.38%；处于第Ⅲ等级的有 5 种植物配置模式，分别是圆柏+紫薇、圆柏紫叶李群落、圆柏+丰花月季、圆柏+紫荆、圆柏+木槿，占植物配置模式评价样本总数的 38.46%；处于第Ⅳ等级的植物配置模式为零。由此可见，现在华北平原区高等级公路路体绿化常见植物配置模式结构要素领域方面总体是合理的，且较大一部分表现优良。但是，仍有一些植物配置表现一般。

表 5-25　13 种常见植物配置结构要素领域综合评价等级划分

| 等级 | 得分（$X$）分值范围 | 植物类型 |
|---|---|---|
| Ⅰ | $X \geqslant 80$ | 侧柏、毛白杨+侧柏、紫穗槐+野牛草、扶芳藤、爬山虎、天堂草+紫羊茅+小冠花 |
| Ⅱ | $80 > X \geqslant 70$ | 毛白杨、黄刺玫 |
| Ⅲ | $70 > X \geqslant 60$ | 圆柏+紫薇、圆柏+紫叶李、圆柏+丰花月季、圆柏+紫荆、圆柏+木槿 |
| Ⅳ | $X < 60$ | |

## 5.3.2　活力要素领域评价

### 5.3.2.1　植被覆盖度（$C_{21}$）评价分析

按照本章 5.2 节所述方法，邀请 25 名专家对 13 种植物配置模型进行植被覆盖度（$C_{21}$）评价指标打分并计算，结果如图 5-7。

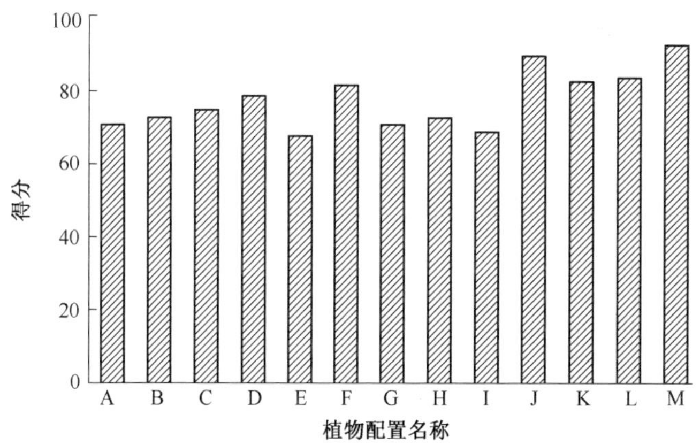


图 5-7　13 种常见植物配置植被覆盖度评价得分

评价等级划分结果见表 5-26。由图 5-7、表 5-26 可以看到，在 13 种常见植物配置模式中，植被覆盖度评价得分最高的是天堂草+紫羊茅+小冠花型，为 93 分；得分最低的是圆柏+紫薇型，为 68 分，二者差距较为明显。处于第Ⅰ等级的有 5 种植物配置模式，分别是圆柏

+紫叶李型、紫穗槐+野牛草型、扶芳藤、爬山虎、天堂草+紫羊茅+小冠花型，占植物配置模式评价样本总数的38.46%；处于第Ⅱ等级的有6种植物配置模式，分别是毛白杨、侧柏、毛白杨+侧柏型、黄刺玫、圆柏+丰花月季型、圆柏+紫荆型，占植物配置模式评价样本总数的46.15%；处于第Ⅲ等级的有2种植物配置模式，分别是圆柏+紫薇型、圆柏+木槿型，占植物配置模式评价样本总数的15.38%；处于第Ⅳ等级的植物配置模式为零。由此可见，现在华北平原区高等级公路路体绿化常见植物配置模式植被覆盖度总体表现优良，但仍有常见植物配置模式的植被覆盖度表现一般，应用时应引起注意。同时，我们可以看到，单草（藤）型、灌草型、混草型的植物配置模式植被覆盖度高，表现优异。

**表 5-26　13种常见植物配置植被覆盖度评价等级划分**

| 等级 | 得分（$X$）分值范围 | 植物类型 |
|---|---|---|
| Ⅰ | $X \geqslant 80$ | 圆柏+紫叶李、紫穗槐+野牛草、扶芳藤、爬山虎、天堂草+紫羊茅+小冠花 |
| Ⅱ | $80 > X \geqslant 70$ | 毛白杨、侧柏、毛白杨+侧柏、黄刺玫、圆柏+丰花月季、圆柏+紫荆 |
| Ⅲ | $70 > X \geqslant 60$ | 圆柏+紫薇、圆柏+木槿 |
| Ⅳ | $X < 60$ | |

### 5.3.2.2　植被存活状况（$C_{22}$）评价分析

按照本章5.2节所述方法，邀请25名专家对13种植物配置模型进行植被存活状况（$C_{22}$）评价指标打分，并计算，结果如图5-8。

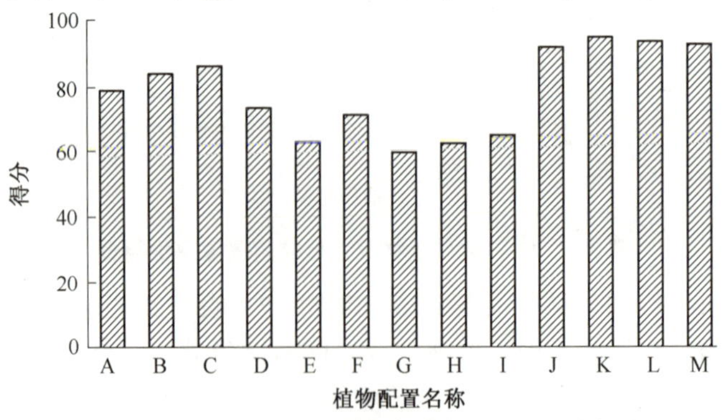


**图 5-8　13种常见植物配置植被存活状况评价得分**

评价等级划分结果见表 5-27。

表 5-27　13 种常见植物配置植被存活状况评价等级划分

| 等级 | 得分（X）分值范围 | 植物类型 |
|---|---|---|
| Ⅰ | $X \geq 80$ | 侧柏、毛白杨+侧柏、紫穗槐+野牛草、扶芳藤、爬山虎、天堂草+紫羊茅+小冠花 |
| Ⅱ | $80 > X \geq 70$ | 毛白杨、黄刺玫、圆柏+紫叶李 |
| Ⅲ | $70 > X \geq 60$ | 圆柏+紫薇、圆柏+紫荆、圆柏+木槿 |
| Ⅳ | $X < 60$ | 圆柏+丰花月季 |

由图 5-8、表 5-27 可以看到，在 13 种常见植物配置模式中，植被存活状况评价得分最高的是扶芳藤型，为 95 分；得分最低的是圆柏+丰花月季型，为 59 分，二者差距显著。处于第Ⅰ等级的有 6 种植物配置模式，分别是侧柏型、毛白杨+侧柏型、紫穗槐+野牛草、扶芳藤型、爬山虎型、天堂草+紫羊茅+小冠花型，占植物配置模式评价样本总数的 46. 15%；处于第Ⅱ等级的有 3 种植物配置模式，分别是毛白杨型、黄刺玫型、圆柏+紫叶李型，占植物配置模式评价样本总数的 23. 08%；处于第Ⅲ等级的有 3 种植物配置模式，分别是圆柏+紫薇型、圆柏+紫荆型、圆柏+木槿型，占植物配置模式评价样本总数的 23. 08%；处于第Ⅳ等级的有 1 种植物配置模式，为圆柏+丰花月季型。由此可见，现在华北平原区高等级公路路体绿化常见植物配置模式植物存活状况总体表现良好，但是，仍有一些植物配置表现一般，甚至较差。主要集中在中央分隔带绿化植物配置，在应用时应引起注意。

### 5. 3. 2. 3　植被生长状况（$C_{23}$）评价分析

按照本章 5. 2 节所述方法，邀请 25 名专家对 13 种植物配置模型进行植被生长状况（$C_{23}$）评价指标打分，并计算，结果如图 5-9。

评价等级划分结果，见表 5-28。由图 5-9、表 5-28 可以看到，在 13 种常见植物配置模式中，植被生长状况评价得分最高的是天堂草+紫羊茅+小冠花型，为 87 分；得分最低的是圆柏+丰花月季型、圆柏+木槿型，为 62 分，二者差距较为明显。处于第Ⅰ等级的有 6 种植物配置模式，即毛白杨、侧柏、毛白杨+侧柏型、扶芳藤、爬山虎、天堂草+紫羊茅+小冠花型，占植物配置模式评价样本总数的46.15%；处于第Ⅱ等级的有4种植物配置模式，分别是黄刺玫、圆柏+紫薇型、圆柏+紫叶李型、紫穗槐+野牛草型，占植物配置模式评价样本总数的30.77%；处于第Ⅲ等级的有3种植物配置模式，分别是圆柏+丰花月季型、圆柏+紫荆型、圆柏+木槿型，占植物配置模式评价样本总数的23.08%；处于第Ⅳ等级的植物配置模式为零。由此可见，现在华北平原区高等级公路路体绿化常见植物配置模式植被生长状况整体良好，但生长状况水平有待进一步提高，中央分隔带绿化植物配置模式的植被生长状况不容乐观，须提高养护水平、加大技术支撑力度。

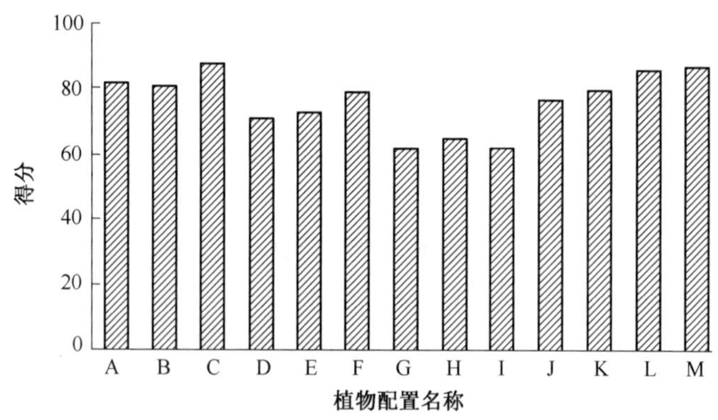


**图5-9　13种常见植物配置植被生长状况评价得分**

**表5-28　13种常见植物配置植被生长状况评价等级划分**

| 等级 | 得分（X）分值范围 | 植物类型 |
|---|---|---|
| Ⅰ | $X \geqslant 80$ | 毛白杨、侧柏、毛白杨+侧柏、扶芳藤、爬山虎、天堂草+紫羊茅+小冠花 |
| Ⅱ | $80 > X \geqslant 70$ | 黄刺玫、圆柏+紫薇、圆柏+紫叶李、紫穗槐+野牛草 |
| Ⅲ | $70 > X \geqslant 60$ | 圆柏+丰花月季、圆柏+紫荆、圆柏+木槿 |
| Ⅳ | $X < 60$ | |

### 5.3.2.4　植被健康状况（$C_{24}$）评价分析

按照本章5.2节所述方法，邀请25名专家对13种植物配置模型进行植被健康状况（$C_{24}$）评价指标打分，并计算，结果如图 5-10。

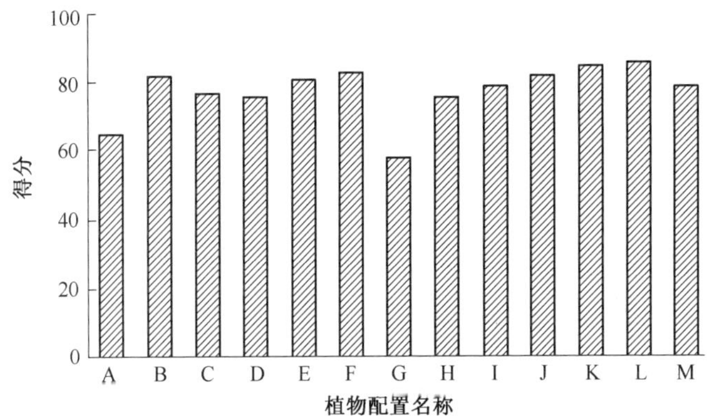


**图 5-10　13 种常见植物配置植被健康状况评价得分**

评价等级划分结果，见表 5-29。

**表 5-29　13 种常见植物配置植被健康状况评价等级划分**

| 等级 | 得分（X）分值范围 | 植物类型 |
| --- | --- | --- |
| Ⅰ | $X \geqslant 80$ | 侧柏、圆柏+紫薇、圆柏+紫叶李、紫穗槐+野牛草、扶芳藤、爬山虎 |
| Ⅱ | $80>X \geqslant 70$ | 毛白杨+侧柏、黄刺玫、圆柏+紫荆、圆柏+木槿、天堂草+紫羊茅+小冠花 |
| Ⅲ | $70>X \geqslant 60$ | 毛白杨 |
| Ⅳ | $X<60$ | 圆柏+丰花月季 |

由图 5-10、表 5-29 可以看到，在 13 种常见植物配置模式中，植被健康状况评价得分最高的是爬山虎型，为 86 分；得分最低的是圆柏+丰花月季型，为 58 分，二者差距明显。处于第Ⅰ等级的有 6 种植物配置模式，分别是侧柏、圆柏+紫薇型、圆柏+紫叶李型、紫穗槐+野牛草型、扶芳藤、爬山虎，占植物配置模式评价样本总数的 46.15%；处于第Ⅱ等级的有 5 种植物配置模式，分别是毛白杨+侧柏型、黄刺玫、圆柏+紫荆型、圆柏+木槿型、天堂草+紫羊茅+小冠花型，占植物配置模式评价样本总数的 38.46%；处于第Ⅲ等级的有 1 种植物配置模式，是毛白杨型，占植物配置模式评价样本总数的 7.69%；处于第Ⅳ等级的有 1 种植物配置模式，是圆柏+丰花月季型。

由此可见，现在华北平原区高等级公路路体绿化常见植物配置模式植被健康状况总体表现优良，常见植物配置模式中，植被健康状况优良率达到了 84.62%。同时，也要清醒地看到，仍有一些常见的植物配置模式健康状况不容乐观，甚至是较差。

#### 5.3.2.5 活力要素领域（$B_2$）综合评价分析

按照本章 5.2 节所述方法，根据专家对 13 种植物配置模型的活力要素领域 4 个评价指标的打分，按照前述章节活力要素领域确定的权重，计算各植物配置模型的结构要素领域综合评价得分，列表见表 5-30、图 5-11。

**表 5-30 13 种植物配置模型活力要素领域评价指标分值表**

| 序号 | 植物配置 | $C_{21}$ 得分 | $Wc_{21}$ | $C_{22}$ 得分 | $Wc_{22}$ | $C_{23}$ 得分 | $Wc_{23}$ | $C_{24}$ 得分 | $Wc_{24}$ | $B_2$ 得分 |
|---|---|---|---|---|---|---|---|---|---|---|
| 1 | A | 71 | 0.063 | 79 | 0.409 | 82 | 0.211 | 65 | 0.316 | 74.626 |
| 2 | B | 73 | | 84 | | 81 | | 82 | | 81.958 |
| 3 | C | 75 | | 86 | | 88 | | 77 | | 82.799 |
| 4 | D | 79 | | 73 | | 71 | | 76 | | 73.831 |
| 5 | E | 68 | | 63 | | 73 | | 81 | | 71.050 |
| 6 | F | 82 | | 71 | | 79 | | 83 | | 77.102 |
| 7 | G | 71 | | 59 | | 62 | | 58 | | 60.014 |
| 8 | H | 73 | | 62 | | 65 | | 76 | | 67.688 |
| 9 | I | 69 | | 65 | | 62 | | 79 | | 68.978 |
| 10 | J | 90 | | 92 | | 77 | | 82 | | 85.457 |
| 11 | K | 83 | | 95 | | 80 | | 85 | | 87.824 |
| 12 | L | 84 | | 94 | | 86 | | 86 | | 89.060 |
| 13 | M | 93 | | 93 | | 87 | | 79 | | 87.217 |

评价等级划分结果，见表 5-31。

由图 5-11、表 5-30、表 5-31 可以看到，在 13 种常见植物配置模式中，活力要素领域综合评价得分最高的是爬山虎型，为 89.060 分；得分最低的是圆柏+丰花月季型，为 60.014 分，二者差异显著。处于第Ⅰ等级的有 6 种植物配置模式，分别是侧柏型、毛白杨+侧柏型、紫穗槐+野牛草型、扶芳藤型、爬山虎型、天堂草+紫羊茅+小冠花型，占植物配置模式评价样本总数的 46.15%；处于第Ⅱ等级的有 4 种植物配置模式，是毛白杨型、黄刺玫型、圆柏+紫薇型、圆柏+紫叶李型，占植物配置模式评价样本总数的 30.77%；处于第Ⅲ等级的有 3 种植物配置模式，分别是圆柏+丰花月季型、圆柏+紫荆型、圆柏+木槿型，占植物配置模式评价样本总数的 23.08%；处于第Ⅳ等级的植物配置模式为零。由此可见，现在华北平原区高等级公路路体绿化常见植物配置模式活力要素领域方面总体是较高的，且较大一部分表现优良。但是，仍有一些植物配置表现一般，须引起关注，谨慎应用。

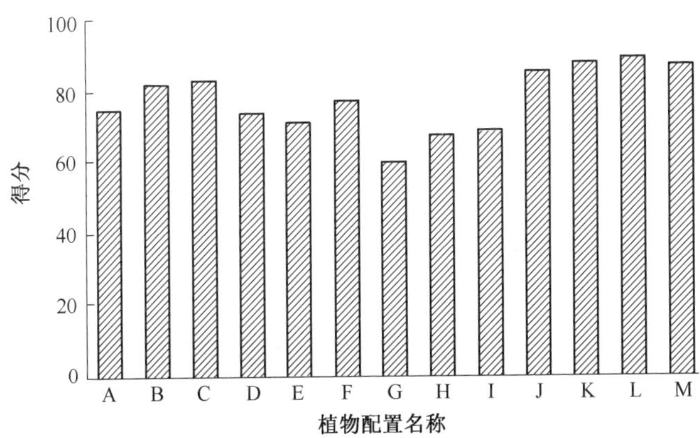


**图 5-11　13 种常见植物配置活力要素领域综合评价得分**

**表 5-31　13 种常见植物配置活力要素领域综合评价等级划分**

| 等级 | 得分（$X$）分值范围 | 植物类型 |
|---|---|---|
| Ⅰ | $X \geqslant 80$ | 侧柏、毛白杨+侧柏、紫穗槐+野牛草、扶芳藤、爬山虎、天堂草+紫羊茅+小冠花 |
| Ⅱ | $80 > X \geqslant 70$ | 毛白杨、黄刺玫、圆柏+紫薇、圆柏+紫叶李 |
| Ⅲ | $70 > X \geqslant 60$ | 圆柏+丰花月季、圆柏+紫荆、圆柏+木槿 |
| Ⅳ | $X < 60$ | |

### 5.3.3 功效要素领域评价

#### 5.3.3.1 生态功效（$C_{31}$）评价分析

按照本章 5.2 节所述方法，邀请 25 名专家对 13 种植物配置模型进行生态功效（$C_{31}$）评价指标打分，并计算，结果如图 5-12。

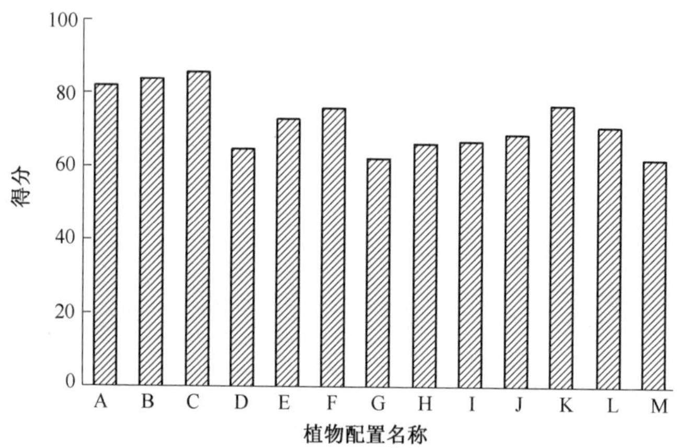


**图 5-12 13 种常见植物配置生态功效评价得分**

评价等级划分结果，见表 5-32。

**表 5-32 13 种常见植物配置生态功效评价等级划分**

| 等级 | 得分（$X$）分值范围 | 植物类型 |
|---|---|---|
| Ⅰ | $X \geqslant 80$ | 毛白杨、侧柏、毛白杨+侧柏 |
| Ⅱ | $80 > X \geqslant 70$ | 圆柏+紫薇、圆柏+紫叶李、扶芳藤、爬山虎 |
| Ⅲ | $70 > X \geqslant 60$ | 黄刺玫、圆柏+丰花月季、圆柏+紫荆、圆柏+木槿、紫穗槐+野牛草、天堂草+紫羊茅+小冠花 |
| Ⅳ | $X < 60$ | |

由图 5-12、表 5-32 可以看到，在 13 种常见植物配置模式中，生态功效评价得分最高的是毛白杨+侧柏侧柏型，为 93 分；得分最低的是圆柏大花月季群落和天堂草+紫羊茅+小冠花型，同为 62 分，二者差距显著。处于第Ⅰ等级的有 3 种植物配置模式，分别是毛白杨型、侧柏型、毛白杨+侧柏型，占植物配置模式评价样本总数的 23.08%；

处于第Ⅱ等级的有 4 种植物配置模式，分别是圆柏+紫薇型、圆柏+紫叶李型、扶芳藤、爬山虎，占植物配置模式评价样本总数的 30.77%；处于第Ⅲ等级的有 6 种植物配置模式，分别是黄刺玫、圆柏+丰花月季型、圆柏+紫荆型、圆柏+木槿型、紫穗槐+野牛草型、天堂草+紫羊茅+小冠花型，占植物配置模式评价样本总数的 46.15%；处于第Ⅳ等级的植物配置模式为零。由此可见，现在华北平原区高等级公路路体绿化常见植物配置模式生态功效总体是表现尚好，但生态功效发挥水平一般，有待进一步提高。从整体看，植物配置类型中生态功效高低排序是，混乔型>单乔型>乔灌型>混灌型>单灌型>灌草型>混草型>单草型。

#### 5.3.3.2　安全功效（$C_{32}$）评价分析

按照本章 5.2 节所述方法，邀请 25 名专家对 13 种植物配置模型进行安全功效（$C_{32}$）评价指标打分并计算，结果如图 5-13。

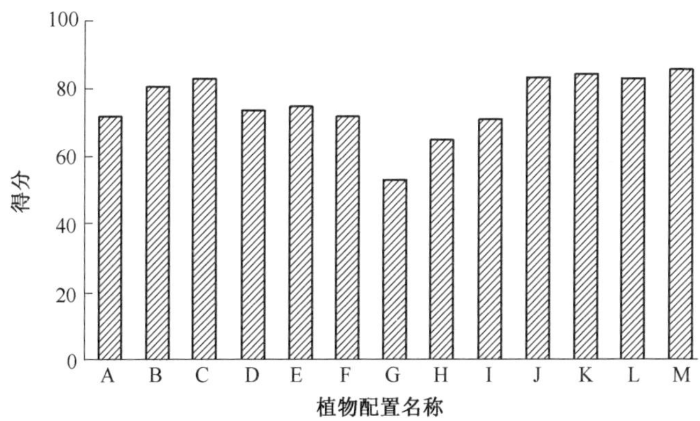


**图 5-13　13 种常见植物配置安全功效评价得分**

评价等级划分结果，见表 5-33。由图 5-13、表 5-33 可以看到，在 13 种常见植物配置模式中，生活型评价得分最高的是天堂草+紫羊茅+小冠花型，为 86 分；得分最低的是圆柏+丰花月季型，为 53 分，二者差异显著。处于第Ⅰ等级的有 6 种植物配置模式，分别是侧柏、毛白杨+侧柏型、紫穗槐+野牛草型、扶芳藤、爬山虎、天堂草+紫羊茅+小冠花型，占植物配置模式评价样本总数的 46.15%；处于第Ⅱ等级的有 5 种植物配置模式，是圆柏+紫叶李型、圆柏+木槿型，占植物配置模式评价样本总数的 38.46%；处于第Ⅲ等级的有 1 种植物配置模式，是圆柏+紫荆型，占植物配置模式评价样本总数的 7.69%；处于第Ⅳ等级的有 1 种植物配置模式，为圆柏+丰花月季型。由此可见，现在华北平原区高等级公路路体绿化常见植物配置模式安全功效总体发挥优良，第Ⅰ、Ⅱ等级的植物配置模式占总数的 84.62%。基本上满足了高等级公路安全需要。但是，不容忽视的是，圆柏+丰花月季型在安全功能评价中得分较低，在应用时应引起注意。

**表 5-33　13 种常见植物配置安全功效评价等级划分**

| 等级 | 得分（$X$）分值范围 | 植物类型 |
| --- | --- | --- |
| Ⅰ | $X \geqslant 80$ | 侧柏、毛白杨+侧柏、紫穗槐+野牛草、扶芳藤、爬山虎、天堂草+紫羊茅+小冠花 |
| Ⅱ | $80 > X \geqslant 70$ | 毛白杨、黄刺玫、圆柏+紫薇、圆柏+紫叶李、圆柏+木槿 |
| Ⅲ | $70 > X \geqslant 60$ | 圆柏+紫荆 |
| Ⅳ | $X < 60$ | 圆柏+丰花月季 |

### 5.3.3.3　景观功效（$C_{33}$）评价分析

按照本章 5.2 节所述方法，邀请 25 名专家对 13 种植物配置模型进行景观功效（$C_{33}$）评价指标打分并计算，结果如图 5-14。

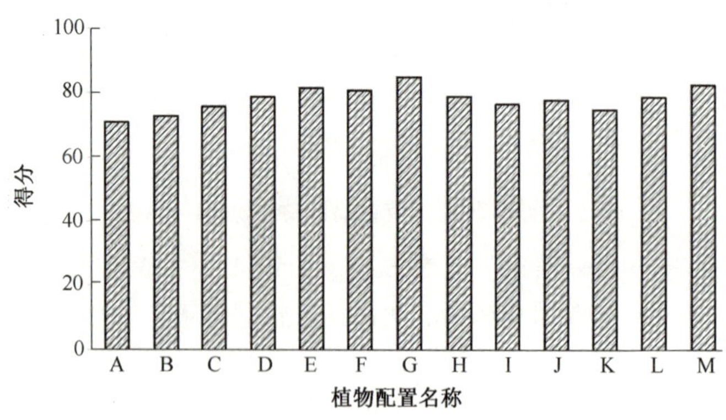


**图 5-14　13 种常见植物配置景观功效评价得分**

评价等级划分结果，见表 5-34。

表 5-34　13 种常见植物配置景观功效评价等级划分

| 等级 | 得分（$X$）分值范围 | 植物类型 |
|---|---|---|
| Ⅰ | $X \geq 80$ | 圆柏+紫薇、圆柏+紫叶李、圆柏+丰花月季、天堂草+紫羊茅+小冠花 |
| Ⅱ | $80 > X \geq 70$ | 毛白杨+侧柏、紫穗槐+野牛草、圆柏+紫荆、圆柏+木槿、毛白杨、侧柏、黄刺玫、扶芳藤、爬山虎 |
| Ⅲ | $70 > X \geq 60$ | |
| Ⅳ | $X < 60$ | |

由图 5-14、表 5-34 可以看到，在 13 种常见植物配置模式中，景观功效评价得分最高的是圆柏+丰花月季型，为 85 分；得分最低的是毛白杨，为 71 分，二者存在一定差距。处于第Ⅰ等级的有 4 种植物配置模式，分别是圆柏+紫薇型、圆柏+紫叶李型、圆柏+丰花月季型、天堂草+紫羊茅+小冠花型，占植物配置模式评价样本总数的 30. 77%；处于第Ⅱ等级的有 9 种植物配置模式，分别是毛白杨+侧柏型、紫穗槐+野牛草型、圆柏+紫荆型、圆柏+木槿型、毛白杨、侧柏、黄刺玫、扶芳藤、爬山虎，占植物配置模式评价样本总数的 69. 23%；处于第Ⅲ等级和第Ⅳ等级的植物配置模式为零。由此可见，现在华北平原区高等级公路路体绿化常见植物配置模式景观功效总体良好，13 种常见植物配置模式均处于第Ⅰ、第Ⅱ等级。但景观功效表现优异的植物配置模式尚不多，这是华北地域的气候环境的局限性引起了物种选择的局限性。因此，引进新的物种，丰富植物配置组合，提高景观效果，成为华北平原区高等级公路路体绿化亟须解决的一大难题。

#### 5. 3. 3. 4　功效要素领域（$B_3$）综合评价分析

按照本章 5. 2 节所述方法，根据专家对 13 种植物配置模型的功效要素领域 3 个评价指标的打分，按照前述章节功能要素领域确定的权重，计算各植物配置模型的结构要素领域综合评价得分。分别见表 5-35、如图 5-15。

**表 5-35　13 种植物配置模型功效要素领域评价指标分值表**

| 序号 | 植物配置 | $C_{31}$得分 | $Wc_{31}$ | $C_{32}$得分 | $Wc_{32}$ | $C_{33}$得分 | $Wc_{33}$ | $B_3$得分 |
|---|---|---|---|---|---|---|---|---|
| 1 | A | 82 | 0. 344 | 72 | 0. 535 | 71 | 0. 121 | 75. 319 |
| 2 | B | 84 | | 81 | | 73 | | 81. 064 |
| 3 | C | 86 | | 83 | | 76 | | 83. 185 |
| 4 | D | 65 | | 74 | | 79 | | 71. 509 |
| 5 | E | 73 | | 75 | | 82 | | 75. 159 |
| 6 | F | 76 | | 72 | | 81 | | 74. 465 |
| 7 | G | 62 | | 53 | | 85 | | 59. 968 |
| 8 | H | 66 | | 65 | | 79 | | 67. 038 |
| 9 | I | 67 | | 71 | | 77 | | 70. 35 |
| 10 | J | 69 | | 83 | | 78 | | 77. 579 |
| 11 | K | 77 | | 84 | | 75 | | 80. 503 |
| 12 | L | 71 | | 83 | | 79 | | 78. 388 |
| 13 | M | 62 | | 86 | | 83 | | 77. 381 |

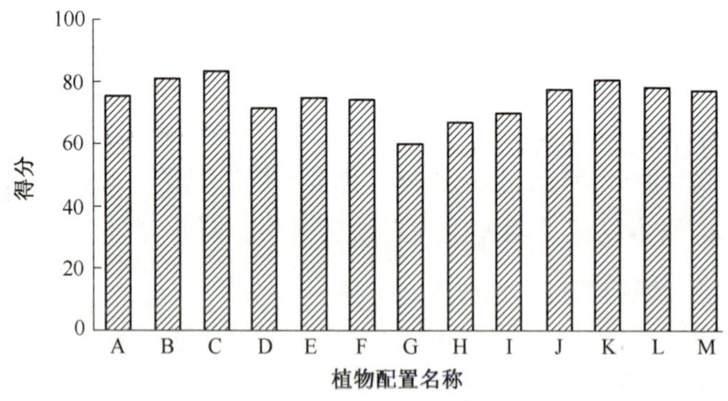


**图 5-15　13 种常见植物配置功效要素领域综合评价得分**

评价等级划分结果，见表 5-36。由图 5-15、表 5-35、表 5-36 可以看到，在 13 种常见植物配置模式中，功效要素领域综合评价得分最高的是毛白杨+侧柏型，为 83. 185 分；得分最低的是圆柏+丰花月季型，为 59. 968 分，二者差距较为明显。处于第 I 等级的有 3 种植物配置模式，分别是侧柏、毛白杨+侧柏型、扶芳藤，占植物配置模式评价样本总数的 23.08%；处于第Ⅱ等级的有 8 种植物配置模式，分别是毛白杨、黄刺玫、圆柏+紫薇型、圆柏+紫叶李型、圆柏+木槿型、紫穗槐+野牛草型、爬山虎、天堂草+紫羊茅+小冠花型，占植物配置模式评价样本总数的 61.54%；处于第Ⅲ等级的有 1 种植物配置模式，是圆柏+紫荆型，占植物配置模式评价样本总数的 7.69%；处于第Ⅳ等级的有 1 种植物配置模式，为圆柏+丰花月季型。由此可见，现在华北平原区高等级公路路体绿化常见植物配置模式功效要素领域方面总体表现优良，处于第Ⅰ等级、第Ⅱ等级的常用植物配置模式占总数的 84.62%，说明常见的植物配置模式较好地发挥了其功效。同时，个别植物配置模式功效发挥一般，甚至较差，应引起注意。

**表 5-36　13 种常见植物配置功效要素领域综合评价等级划分**

| 等级 | 得分（$X$）分值范围 | 植物类型 |
|---|---|---|
| Ⅰ | $X \geqslant 80$ | 侧柏、毛白杨+侧柏、扶芳藤 |
| Ⅱ | $80 > X \geqslant 70$ | 毛白杨、黄刺玫、圆柏+紫薇、圆柏+紫叶李、圆柏+木槿、紫穗槐+野牛草、爬山虎、天堂草+紫羊茅+小冠花 |
| Ⅲ | $70 > X \geqslant 60$ | 圆柏+紫荆 |
| Ⅳ | $X < 60$ | 圆柏+丰花月季 |

## 5.3.4　常见植物配置整体评价

按照本章 5.2 节所述方法，根据前面专家对 13 种植物配置模型的结构、活力、功效等三大要素领域的 11 个评价指标的打分，按照前述章节各要素领域确定的权重，计算各植物配置模型的 3 个要素领域综合评价得分。列表见表 5-37，结果如图 5-16。

**表 5-37　13 种植物配置模式整体评价指标分值表**

| 序号 | 植物配置 | $B_1$得分 | $W_{B1}$ | $B_2$得分 | $W_{B2}$ | $B_3$得分 | $W_{B3}$ | $A$ 得分 |
|---|---|---|---|---|---|---|---|---|
| 1 | A | 75.426 | 0.151 | 74.626 | 0.575 | 75.319 | 0.274 | 74.937 |
| 2 | B | 81.152 | | 81.958 | | 81.064 | | 81.591 |
| 3 | C | 85.618 | | 82.799 | | 83.185 | | 83.330 |

（续）

| 序号 | 植物配置 | $B_1$得分 | $W_{B1}$ | $B_2$得分 | $W_{B2}$ | $B_3$得分 | $W_{B3}$ | $A$得分 |
|---|---|---|---|---|---|---|---|---|
| 4 | D | 71.921 | | 73.831 | | 71.509 | | 72.906 |
| 5 | E | 63.171 | | 71.050 | | 75.159 | | 70.986 |
| 6 | F | 68.722 | | 77.102 | | 74.465 | | 75.114 |
| 7 | G | 67.146 | | 60.014 | | 59.968 | | 61.078 |
| 8 | H | 63.465 | | 67.688 | | 67.038 | | 66.872 |
| 9 | I | 62.496 | | 68.978 | | 70.35 | | 68.375 |
| 10 | J | 81.241 | | 85.457 | | 77.579 | | 82.662 |
| 11 | K | 80.754 | | 87.824 | | 80.503 | | 84.750 |
| 12 | L | 80.452 | | 89.060 | | 78.388 | | 84.836 |
| 13 | M | 85.941 | | 87.217 | | 77.381 | | 84.329 |

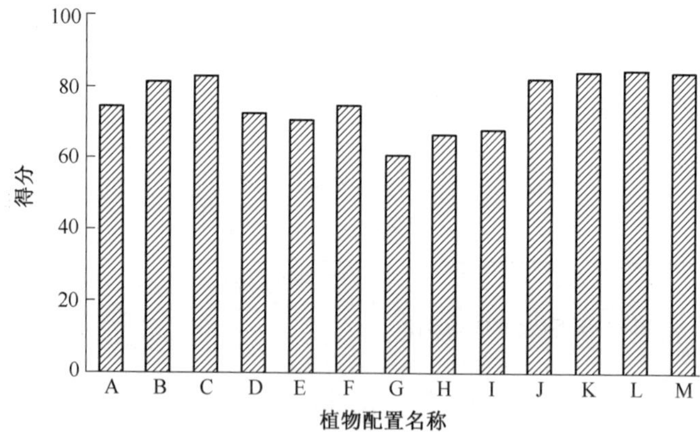


**图 5-16　13 种常见植物配置模式整体评价得分**

评价等级划分结果，见表 5-38。

**表 5-38　13 种常见植物配置整体评价等级划分**

| 等级 | 得分（$X$）分值范围 | 植物类型 |
|---|---|---|
| Ⅰ | $X \geqslant 80$ | 侧柏、毛白杨+侧柏、扶芳藤、紫穗槐+野牛草、爬山虎、天堂草+紫羊茅+小冠花 |

（续）

| 等级 | 得分（X）分值范围 | 植物类型 |
| --- | --- | --- |
| Ⅱ | 80>X≥70 | 毛白杨、黄刺玫、圆柏+紫薇、圆柏+紫叶李 |
| Ⅲ | 70>X≥60 | 圆柏+丰花月季、圆柏+紫荆、圆柏+木槿 |
| Ⅳ | X<60 | |

由图5-16、表5-37、表5-38可以看到，在13种常见植物配置模式中，整体评价得分最高的是爬山虎型，为84.836分；得分最低的是圆柏+丰花月季型，为61.078分，二者差距较为明显。处于第Ⅰ等级的有6种植物配置模式，分别是侧柏、毛白杨+侧柏型、扶芳藤、紫穗槐+野牛草型、爬山虎、天堂草+紫羊茅+小冠花型，占植物配置模式评价样本总数的46.15%；处于第Ⅱ等级的有4种植物配置模式，分别是毛白杨、黄刺玫、圆柏+紫薇型、圆柏+紫叶李型，占植物配置模式评价样本总数的30.77%；处于第Ⅲ等级的有3种植物配置模式，是圆柏+丰花月季、圆柏+紫荆型、圆柏+木槿型，占植物配置模式评价样本总数的23.08%；处于第Ⅳ等级的植物配置模式为零。由此可见，现在华北平原区高等级公路路体绿化常见植物配置模式整体评价表现优良。其中，处于第Ⅰ等级、第Ⅱ等级的常用植物配置模式占总数的76.92%，说明常见的植物配置模式是经过实践检验比较成功的适于华北平原区高等级公路路体绿化的植物配置形式。同时，我们看到不同的植物配置模式存在着一定的差异，在应用时要区别对待，慎重选取。

# 第6章

# 华北平原高等级公路路体绿化景观特征评价

## 6.1 高等级公路路体绿化景观单元概述

### 6.1.1 路体绿化景观单元的概念与划分

高等级公路路体绿化景观单元是研究高等级公路路体绿化综合效果的基本景观尺度，包括空间和时间两方面。其景观单元的大小，是根据研究的高等级公路路段的具体情况，充分考虑动态下人的心理、生理规律，按照设计车速等因素确定的。高等级公路路体景观单元应从景观的自然演替、时间和空间的相互转化两方面体现，从而把高等级公路路体景观塑造出一个能随时间的延续而不断更新且相对稳定的景观动态效果（胡圣能，2011）。以高速公路来看，设计车速一般为120km/h。在此时速下，每5分钟景观发生变化，可以减轻司乘人员的心理疲劳，利于行车安全。由此，可以推算高等级公路路体景观单元以大约10km长度为宜，具体可以视研究路段的空间状况来决定。

### 6.1.2 路体绿化景观单元的功能

作为高等级公路路体绿化景观的基本单元，需具备的功能有使用功能、安全保护功能、精神美化功能、生态恢复功能以及综合功能。景观是能够为司乘人员所感知到的客观存在，使用功能是景观设施的外在因素。安全保护功能是给司乘人员提供安全的交通环境，发挥固土护坡、防眩光、诱导行车视线等作用。精神美化功能主要体现在满足司乘人员在视觉、情感、自然、人文等方面的精神需求；景观构成要素协调、美观、有韵律地变化，达到人们的观赏美学要求。生态恢复功能是指可以防止水土流失，降低路面温度，减少噪声、降尘、固碳释氧、吸附污染等功能。综合功能是指景观各要素协同完成，共同发挥整体作用，更好地完成各种功能，促进自身协调，可持续发挥功能作用。

### 6.1.3　路体绿化景观单元评价的目标系统

公路工程的植物物种、地形地势及公路附属设施等子系统共同构成高等级公路路体绿化景观，每一个子系统在发挥其自身功能的同时又能相互补充和互相制约，一起支撑高等级公路路体绿化景观系统的协调构建（廖文华，2013）。其追求的不能是单一某系统的绩效，而是整体综合功能最佳，使各景观要素及子系统协调、和谐、可持续、高效。目标系统可表述为自然和谐、工程高效、人文传承。

高等级公路路体绿化景观单元评价是指在调查分析的基础上，利用科学系统的方法对某一高等级公路路体路段的绿化景观单元进行综合评估、分析。获取区域绿化景观单元现状的评估信息，以实现绿化景观单元功能，构建稳定、高效、和谐的目标系统，为高等级公路路体绿化景观建设管理提供决策参考。

## 6.2　数据获取

### 6.2.1　资料收集

高等级公路路体绿化景观单元的环境要素、性质以及其路体周边环境的背景资料都需要在评估之前收集和整理好，为景观环境评估及获取评估指标做准备。收集背景资料主要有公路规划设计相关图纸，相关区域的景观和环境影响评估等方面材料，公路路段的地图资料等。

### 6.2.2 实地调查

实地调查的主要目的是熟悉路体带沿途区域的现场情况，验证、补充和细化在前期准备阶段收集的基础信息。调查人员通过目视、摄影、录像、走访等方法完成评估。

## 6.3 评价方法

高等级公路路体绿化景观单元评价采用科学量化评价和人文评价相结合的综合评价方法。科学量化是以系统的思维构建评价因子模型，通过数学模型来分析景观单元的内在关系，研究客观环境因素对景观单元功能效果的影响，用客观量化的方法确保评价结果的科学、可靠。人文评价法是指通过行为心理物理试验、图表调查、咨询访谈等形式，研究高速条件下司乘人员内在的心理情感，考查社会经济文化对评价存在的影响，由于其能通过研究主观评价态度精准地反映问题本质，所以易于操作。二者都有其相应的适用条件，具有较强的差异性和互补性。由此可知，高等级公路路体绿化景观单元评价体系是科学量化和人文评价法相互融合、相互补充、统一的二元体系。

## 6.4 评价指标体系构建

在研究现阶段相关文献的基础上，提出初步评价指标。为使评价指标体系具有科学性和可操作性，征询有关专家对初步评价指标的意见，即采用专家筛选法来调整评价指标，再将指标体系通过主成分分析进一步优化，选择内涵丰富又相对独立的评价指标，最终用层次分析法确定高等级公路路体绿化景观单元评价指标体系。具体内容，如图 6-1。

### 6.4.1 景观特征（$B_1$）评价指标

景观特征评价是指对高等级公路路体绿化景观单元整体类型或感受的表现状况的评价。主要包括空间格局、协调性和奇特性等 3 个评

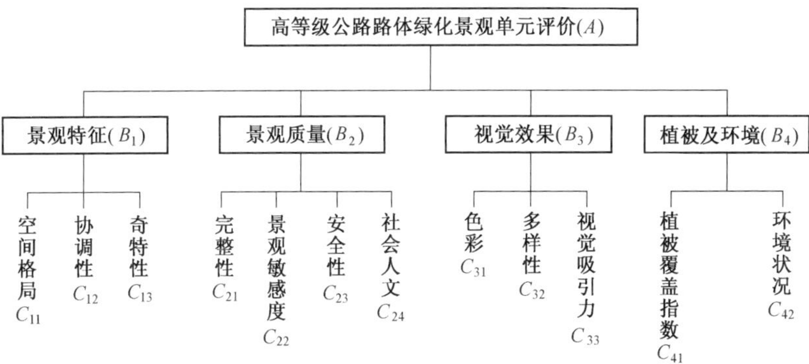


**图 6-1　高等级公路路体景观单元评价指标体系**

价指标。

#### 6.4.1.1　空间格局（$C_{11}$）

景观空间格局（landscape pattern）一般指大小和形状不一的景观斑块在空间上的配置。目的是从看似无序的景观斑块镶嵌中，发现潜在的有意义的规律性。

评价指标采用五分制进行赋值，评价标准，见表 6-1。

**表 6-1　空间格局评价指标赋值标准**

| 分值 | 5 | 3 | 1 |
|---|---|---|---|
| 标准 | 景观呈序列、有主导性景观结构、景观破碎度小、景观分离程度低 | 景观较为有序，景观破碎分离不明显 | 景观结构杂乱、破碎分离明显 |

#### 6.4.1.2　协调性（$C_{12}$）

高等级公路路体绿化景观单元协调性评价是公路路体本身与道路两侧的景观环境两种系统或系统要素之间一种良性的相互关联程度的评价分析。

评价指标采用五分制进行赋值，评价标准，见表 6-2。

**表 6-2　协调性评价指标赋值标准**

| 分值 | 5 | 3 | 1 |
|---|---|---|---|
| 标准 | 景观环境自然、协调、均衡，具有美感 | 景观环境协调 | 景观环境人为破坏严重，突兀整体效果明显差 |

#### 6.4.1.3 奇特性（$C_{13}$）

高等级公路路体绿化景观单元奇特性评价是指对公路路体绿化景观单元整体是否有独有特点，是否突出做出的评价分析，主要是道路使用者即司乘人员的主观感知。与景观单元所处的地势地貌、人文条件、设计有密切相关。本指标突出的是稀有性，独具性。

评价指标采用五分制进行赋值，评价标准，见表 6-3。

表 6-3 奇特性评价指标赋值标准

| 分值 | 5 | 3 | 1 |
|---|---|---|---|
| 标准 | 稀少、奇特、醒目、景观价值高 | 常见但较为有趣 | 普通，引不起人的兴趣 |

### 6.4.2 景观质量（$B_2$）评价指标

景观质量领域评价是对景观内在结构稳定持续与否、功能大小及被公众关注的敏感性进行评价分析，主要包括完整性、景观敏感度、安全性以及社会人文等 4 个评价指标。

#### 6.4.2.1 完整性（$C_{21}$）

高等级公路路体绿化景观单元完整性评价指的是对景观单元结构与功能的完整性的评价，本文采用景观空间相邻度、聚集度、连接度等指标表达。

景观要素连接度指数计算公式为：

$$PX_i = \sum_{j=1}^{N_i} \left[ \frac{A_{ij}}{Min(d_{ij}) \times \sum_{j=1}^{N_i} \frac{A_{ij}}{d_{ij}}} \right]^2 \tag{6-1}$$

式中：$PX_i$——景观要素连接度指数，取值范围为 0～1，数值越大，连接越紧密（张志，2004）；

$A_{ij}$——第 $i$ 类景观要素第 $j$ 斑块的面积。

景观要素空间相邻度计算公式为：

$$NI_{ij} = \frac{EN_{ij}}{EN_i} \tag{6-2}$$

式中：$NI_{ij}$——景观中第 i 类景观要素与第 j 类景观要素的空间相邻度；

$EN_{ij}$——第 $i$ 与第 $j$ 类景观要素斑块间相邻边界总长度；

$EN_{i}$——第 $i$ 类景观要素斑块与相邻异质景观要素斑块间的边界总长度（王静戟，2004）。

景观聚集度计算公式为：

$$RC = 1 - \frac{C}{C_{\max}}$$

$$C = -\sum_{i=1}^{m}\sum_{j=1}^{m} EP_{ij} \log_2 EP_{ij}$$

$$C_{\max} = 2\log_2(m) \tag{6-3}$$

式中：$RC$——相对聚集度指数；

$C$——复杂性指数；

$C_{\max}$——$C$ 的最大可能取值；

$EP_{ij}$——第 $i$ 类景观要素与第 $j$ 类景观要素相邻接的概率，数值小表明景观异质性低，相反则高（李淑娟，2003）。

评价指标采用五分制进行赋值，评价标准，见表 6-4。

**表 6-4　完整性评价指标赋值标准**

| 分值 | 5 | 3 | 1 |
|---|---|---|---|
| 标准 | 结构功能完整；景观要素连接度指数、景观要素空间相邻度、景观聚集度均大于 0.75 | 有割裂，但结构功能较完整；景观要素连接度指数、景观要素空间相邻度、景观聚集度均在 0.25~0.75 之间。 | 割裂较明显，景观结构和功能不完整；景观要素连接度指数、景观要素空间相邻度、景观聚集度均小于 0.25 |

### 6.4.2.2　景观敏感度（$C_{22}$）

高等级公路路体绿化景观单元的景观敏感度评价是指对公路路体绿化景观单元的可视性，司乘人员的关注程度以及景观的清晰程度等方面的评价分析。主要通过分析景观单元的地形、坡度，景观的醒目程度以及视距等因素来做出评价。

评价指标采用五分制进行赋值，评价标准，见表 6-5。

表 6-5 景观敏感度评价指标赋值标准

| 分值 | 5 | 3 | 1 |
|---|---|---|---|
| 标准 | 地形坡度变化明显；视觉灵敏性高、视觉兴趣大、景观知名度高、面积或体量大；视距小于 200m | 地形坡度无明显变化；视觉灵敏性一般、视觉兴趣较好、面积或体量较大；视距在 200~840m 之间 | 地形无变化；视觉灵敏性差，受关注程度低；视距大于 840m |

### 6.4.2.3 安全性（$C_{23}$）

高等级公路路体绿化景观单元的安全性评价是指公路路体绿化景观单元对公路路体的工程质量的影响，以及对交通安全行驶的功效发挥的评价分析。主要是通过分析景观的防眩效果、固土护坡能力、交通行驶引导、以及景观是否影响遮挡交通设施标志等方面做出评价。

评价指标采用五分制进行赋值，评价标准，见表 6-6。

表 6-6 安全性评价指标赋值标准

| 分值 | 5 | 3 | 1 |
|---|---|---|---|
| 标准 | 安全功效发挥效果好，很好地诱导安全行驶，景观与道路路体交通设施标识相得益彰 | 基本能够发挥安全功能，无明显的误导，没有道路侵占，无遮挡标识现象 | 安全功能效果差，不能保证行车安全。道路有侵占，交通标识存在遮挡 |

### 6.4.2.4 社会人文（$C_{24}$）

高等级公路路体绿化景观单元的社会人文评价是指公路路体绿化景观单元对所在地域的人文特征的体现程度进行评价。人文特征包括历史、民俗、风俗、文化等信息。路体绿化景观单元的风格、色彩造型应与地域内民族特征及生活习俗协调统一。

评价指标采用五分制进行赋值，评价标准，见表 6-7。

表 6-7 社会人文评价指标赋值标准

| 分值 | 5 | 3 | 1 |
|---|---|---|---|
| 标准 | 充分反映了地域社会人文特征，与当地民族特征及风俗协调 | 基本反映了地域社会人文特征，不违背当地民族特征及风俗 | 没有体现出地域社会人文特征，与当地民族风俗有冲突现象 |

### 6.4.3　视觉效果（$B_3$）评价指标

高等级公路路体绿化景观单元视觉效果领域评价主要是对景观单元的色彩、多样性以及视觉吸引力等 3 个指标进行评价。

#### 6.4.3.1　色彩（$C_{31}$）

色彩是高等级公路路体绿化景观单元视觉效果的重要组成部分，同时也是路域自然、人文的重要载体。配置优异的色彩可体现典雅、和谐、舒适，并使路域景观环境饱含文化意蕴。反之，色彩配置不恰当不仅会影响景观单元的视觉效果，失去当地历史人文联系，而且会影响到司乘人员的心理舒适感，进而影响到行车安全。

评价指标采用五分制进行赋值，评价标准，见表 6-8。

**表 6-8　色彩评价指标赋值标准**

| 分值 | 5 | 3 | 1 |
|---|---|---|---|
| 标准 | 色彩多样，生动、调和、对比明快。与当地历史人文相融合，心理感受舒适 | 色彩有变化，司乘人员感受无明显不适 | 色彩搭配混乱，司乘人员心理感觉不舒适，影响到行车安全 |

#### 6.4.3.2　多样性（$C_{32}$）

高等级公路路体绿化景观单元多样性指标评价是对高等级公路路体景观单元的景观内容与形式的分析评价。在一个公路路体景观单元中景观内容丰富、形式多样，视觉效果就会良好，相反，视觉效果就会差很多。多样性指数公式如下：

$$\text{多样性指数}=K\times(0.28\times\text{乔木混交林}+0.35\times\text{乔灌草混交林}+0.11\times\text{乔木纯林}+0.21\times\text{灌草混交林}+0.04\times\text{灌木纯林}+0.01\times\text{裸地})/\text{区域面积} \quad (6\text{-}4)$$

式中：$K$——多样性指数的归一化系数。

评价指标采用五分制进行赋值，评价标准，见表 6-9。

**表 6-9　多样性评价指标赋值标准**

| 分值 | 5 | 4 | 3 | 4 | 1 |
|---|---|---|---|---|---|
| 多样性指数（$X$） | $X\geq0.8$ | $0.8>X\geq0.6$ | $0.6>X\geq0.4$ | $0.4>X\geq0.2$ | $X<0.2$ |

#### 6.4.3.3 视觉吸引力（$C_{33}$）

高等级公路路体绿化景观单元视觉吸引力评价是指高等级公路路体绿化景观单元对司乘人员的视觉的吸引程度进行分析。从景观设计角度来分析，其主要影响因子如下：运行车速（$V$）、清晰视力的前方最大间距（$D_{max}$）、清晰辨认的最小高度（$H_{min}$）、路侧清晰辨认的最小间距（$D_{min}$），此关系可表达为：

$$S = f(V,\ D_{max},\ H_{min},\ D_{min}) \tag{6-5}$$

根据相关研究成果，为了达到最佳效果，不同车速（$V$）与$D_{max}$、$H_{min}$、$D_{min}$之间有一定的对应关系（董有福，2002）。高等级公路对应关系，见表6-10。当空间背景的景物超出这些阈值时，高等级公路景观的视觉影响就会很弱（祝伟民，2008）。

表 6-10　高等级公路景观视距吸引力最佳效果四因素对应关系

| 车速 $V$（km/h） | 清晰视力的前方最大间距 $D_{max}$（m） | 清晰辨认的最小高度 $H_{min}$（m） | 路侧清晰辨认的最小间距 $D_{min}$（m） |
|---|---|---|---|
| 60 | 370 | 1.10 | 5.09 |
| 80 | 540 | 1.50 | 6.80 |
| 100 | 660 | 2.00 | 8.50 |
| 120 | 760 | 5.60 | 10.20 |

评价指标采用五分制进行赋值，评价标准，见表6-11。

表 6-11　视觉吸引力评价指标赋值标准

| 分值 | 5 | 3 | 1 |
|---|---|---|---|
| 标准 | 景观对视觉的吸引程度高，给人印象深刻。景观单元的四因素对应关系恰当 | 景观对视觉有一定的吸引力，景观单元范围内的四因素对应在最佳效果范围之内 | 吸引力差，景观单元内的四因素对应关系超出最佳效果范围 |

### 6.4.4 植被及环境（$B_4$）评价指标

高等级公路路体绿化景观单元生态承载力评价指的是对某一路体绿化景观单元的地域生态环境进行分析评价。主要是研究景观对环境的生态改善恢复能力以及对周围环境的影响，有植被覆盖指数和环境状况 2 个评价指标构成。

#### 6.4.4.1 植被覆盖指数（$C_{41}$）

高等级公路路体绿化景观单元植被覆盖率评价是指对被评价高等级公路路体绿化景观单元区域内乔木林地、灌木及草地、其他绿化用地和裸地 5 种类型的面积占被评价区域面积的比重（徐济德，2005），以此反映出被评价区域内的植被覆盖度，从而衡量该区域的生态改善恢复能力。植被覆盖指数研究的内容是植被类型和各植被类型覆盖率情况。公式如下：

$$\text{植被覆盖指数}=K\times(0.34\times\text{草地面积}+0.38\times\text{乔木林地面积}+0.19\times\text{灌木林地面积}+0.02\times\text{裸地面积}+0.07\times\text{其他绿化用地面积})/\text{区域面积} \tag{6-6}$$

式中：$K$——植被覆盖指数的归一化系数（李长银，2011）。

评价指标采用五分制进行赋值，评价标准，见表 6-12。

#### 6.4.4.2 环境状况（$C_{42}$）

高等级公路路体绿化景观单元环境状况评价是对高等级公路路体绿化景观单元的空气质量、噪声污染、土壤水质状况等生态环境以及对周边居民的影响进行评价分析。

**表 6-12 植被覆盖指数评价指标赋值标准**

| 分值 | 5 | 4 | 3 | 2 | 1 |
|---|---|---|---|---|---|
| 标准 | 植被种类丰富、植被覆盖率≥75% | 植被种类>4 种，75%>植被覆盖率≥60% | 植被种类>3 种，60%>植被覆盖率≥45% | 植被种类>2 种，45%>植被覆盖率≥30% | 植被种类≤2 种、植被覆盖率<30% |

评价指标采用五分制进行赋值，评价标准，见表 6-13。

**表 6-13 环境状况评价指标赋值标准**

| 分值 | 5 | 3 | 1 |
|---|---|---|---|
| 标准 | 空气质量优良，噪声得到有效控制，土壤、水质优质，周边居民生活未受到不良影响 | 空气轻度污染，噪声没有减弱，土壤轻度退化，水质良好，周边居民生活受到一定影响 | 空气质量差，噪声不能忍受，土壤退化严重、水质受到污染，严重影响周边群众生活 |

## 6.5 指标的赋值与量化

针对上述12个指标自身的性质特点采用不同方法进行指标赋值量化。主要方法有公众调查赋值量化法、调查处理法和Delphi法。

### 6.5.1 公众调查赋值量化法

此方法适用于主观定性的评价指标。通过设计、制作专项调查评分表，随机请公路使用者按照设计要求标准进行评价打分。通过测量公众对此类指标的评价来给该指标赋值量化。奇特性指标、色彩指标等采用此方法。

### 6.5.2 调查处理法

此方法是通过收集相关背景资料、图纸设计以及实地测量、采集数据，将指标相关信息进行系统汇总、计算、分析，按照指标赋值标准进行赋值量化。空间格局指标、完整性指标、景观敏感度指标、多样性指标、视觉吸引力指标、植被覆盖指数指标以及环境状况指标等采用此方法。

### 6.5.3 Delphi法

Delphi法是邀请相关专家在查看资料、实地调查的基础上对评价指标进行评价打分量化。通过一定的方法处理计算，最终给评价指标赋值量化。协调性指标、安全性指标、社会人文指标等采用此方法。

## 6.6 评价指标权重确定

高等级公路路体绿化景观单元指标体系是一个多目标、多准则，多层次的系统，较为复杂，需要定量和定性分析相结合，故本研究采用层次分析法来进行权重确定。

### 6.6.1 调查评判

邀请25名相关专家或熟悉此项工作的人，参照评估标准及指标体系，通过使用 1~9 标度法对指标元素进行比较，从而对其重要程度作出判断。再将回收调查表进行统计分析，获得指标的评价值。

### 6.6.2　构建判断矩阵

判断矩阵，分别见表 6-14 至表 6-18。

**表 6-14　判断矩阵 $A$-$B$**

| $A$ | $B_1$ | $B_2$ | $B_3$ | $B_4$ | $W$ | 一次性检验 |
|---|---|---|---|---|---|---|
| $B_1$ | 1.00 | 0.50 | 2.00 | 0.50 | 0.185 | $\lambda_{max}=3.932$ <br> $CI=0.013$ <br> $CR=0.029<0.10$ |
| $B_2$ | 2.00 | 1.00 | 4.00 | 2.00 | 0.417 | |
| $B_3$ | 0.50 | 0.25 | 1.00 | 0.33 | 0.096 | |
| $B_4$ | 2.00 | 0.50 | 3.00 | 1.00 | 0.301 | |

**表 6-15　判断矩阵 $B_1$-$C_1$**

| $B_1$ | $C_{11}$ | $C_{12}$ | $C_{13}$ | $W$ | 一次性检验 |
|---|---|---|---|---|---|
| $C_{11}$ | 1.00 | 2.00 | 4.00 | 0.500 | $\lambda_{max}=3.968$ <br> $CI=0.023$ <br> $CR=0.018<0.10$ |
| $C_{12}$ | 0.50 | 1.00 | 4.00 | 0.393 | |
| $C_{13}$ | 0.25 | 0.25 | 1.00 | 0.107 | |

**表 6-16　判断矩阵 $B_2$-$C_2$**

| $B_2$ | $C_{21}$ | $C_{22}$ | $C_{23}$ | $C_{24}$ | $W$ | 一次性检验 |
|---|---|---|---|---|---|---|
| $C_{21}$ | 1.00 | 0.33 | 0.25 | 2.00 | 0.129 | $\lambda_{max}=4.015$　$CI=0.033$ <br> $CR=0.022<0.10$ |
| $C_{22}$ | 3.00 | 1.00 | 0.33 | 4.00 | 0.299 | |
| $C_{23}$ | 4.00 | 3.00 | 1.00 | 6.00 | 0.503 | |
| $C_{24}$ | 0.50 | 0.25 | 0.17 | 1.00 | 0.069 | |

**表 6-17　判断矩阵 $B_3$-$C_3$**

| $B_3$ | $C_{31}$ | $C_{32}$ | $C_{33}$ | $W$ | 一次性检验 |
|---|---|---|---|---|---|
| $C_{31}$ | 1.00 | 2.00 | 0.33 | 0.255 | $\lambda_{max}=3.895$ <br> $CI=0.034$ <br> $CR=0.024<0.10$ |
| $C_{32}$ | 0.50 | 1.00 | 0.25 | 0.134 | |
| $C_{33}$ | 3.00 | 4.00 | 1.00 | 0.611 | |

表 6-18 判断矩阵 $B_4$-$C_4$

| $B_4$ | $C_{41}$ | $C_{42}$ | $W$ | 一次性检验 |
|---|---|---|---|---|
| $C_{41}$ | 1.00 | 0.50 | 0.333 | $\lambda_{max}=4.193$ $CI=0.054$ |
| $C_{42}$ | 2.00 | 1.00 | 0.667 | $CR=0.046<0.10$ |

### 6.6.3 指标权重确定

计算指标权重总排序值，获得各指标因子的最终权重。结果见表6-19。

表 6-19 层次总排序

| A | BW | C | CW | 总排序 |
|---|---|---|---|---|
| $B_1$ | 0.185 | $C_{11}$ | 0.500 | 0.093 |
| | | $C_{12}$ | 0.393 | 0.073 |
| | | $C_{13}$ | 0.107 | 0.020 |
| $B_2$ | 0.417 | $C_{21}$ | 0.129 | 0.054 |
| | | $C_{22}$ | 0.299 | 0.125 |
| | | $C_{23}$ | 0.503 | 0.210 |
| | | $C_{24}$ | 0.069 | 0.029 |
| $B_3$ | 0.096 | $C_{31}$ | 0.255 | 0.024 |
| | | $C_{32}$ | 0.134 | 0.013 |
| | | $C_{33}$ | 0.611 | 0.059 |
| $B_4$ | 0.301 | $C_{41}$ | 0.333 | 0.100 |
| | | $C_{42}$ | 0.667 | 0.201 |

## 6.7 评价分级

采用加权平均模型来确定高等级公路路体绿化景观单元总得分值。公式如下：

$$P=\sum_{i=1}^{n}\lambda_i X_i \tag{6-7}$$

式中：$P$——高等级公路路体景观单元总得分值；

$\lambda_i$——第 $i$ 个评价指标的权重；

$X_i$——第 $i$ 个指标的得分值。

采用 SPSS 对高等级公路路体景观单元进行聚类分析，分为Ⅰ、Ⅱ、Ⅲ三类。

## 6.8　高等级公路路体绿化景观单元实证评价

本节以京石高速公路河北段为研究对象，对其路体绿化景观单元进行评价。

### 6.8.1　研究路段概况

京石高速公路河北段是一条连接北京和石家庄的高速公路，建于 20 世纪 80 年代末。公路北起北京六里桥，南至石家庄市南高营村，全长 269.6km，设计时速为 80~100km/h。京石高速公路河北段（双幅）建成通车后，车流量逐年增长，经济效益十分明显，社会效益更是巨大。

图 6-2 为京石高速公路河北段平面示意图。

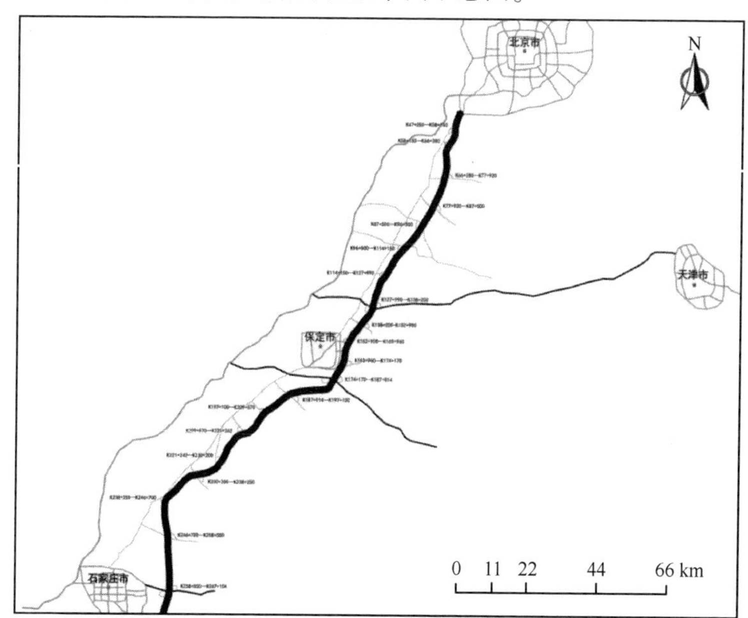


**图 6-2　京石高速公路河北段平面示意图**

### 6.8.2 景观单元划分

根据京石高速公路河北段路体情况，按照高等级公路路体绿化景观单元划分要求，将其划分为20个景观单元，具体位置，见表6-20。

表6-20 京石高速公路（河北段）路体景观单元划分

| 序号 | 模式名称 | 桩号区间 | 序号 | 模式名称 | 桩号区间 |
|---|---|---|---|---|---|
| 1 | A | K47+250—K58+150 | 11 | K | K163+960—K174+170 |
| 2 | B | K58+150—K66+280 | 12 | L | K174+170—K187+014 |
| 3 | C | K66+280—K77+920 | 13 | M | K187+014—K197+100 |
| 4 | D | K77+920—K87+500 | 14 | N | K197+100—K209+570 |
| 5 | E | K87+500—K96+500 | 15 | O | K209+570—K221+242 |
| 6 | F | K96+500—K114+150 | 16 | P | K221+242—K230+200 |
| 7 | G | K114+150—K127+990 | 17 | Q | K230+200—K238+250 |
| 8 | H | K127+990—K138+200 | 18 | R | K238+250—K246+700 |
| 9 | I | K138+200—K152+900 | 19 | S | K246+700—K258+550 |
| 10 | J | K152+900—K163+960 | 20 | T | K258+550—K267+104 |

### 6.8.3 评价结果

#### 6.8.3.1 景观特征评价结果与分析

京石高速河北段路体景观绿化单元景观特征评价结果，如图6-3。

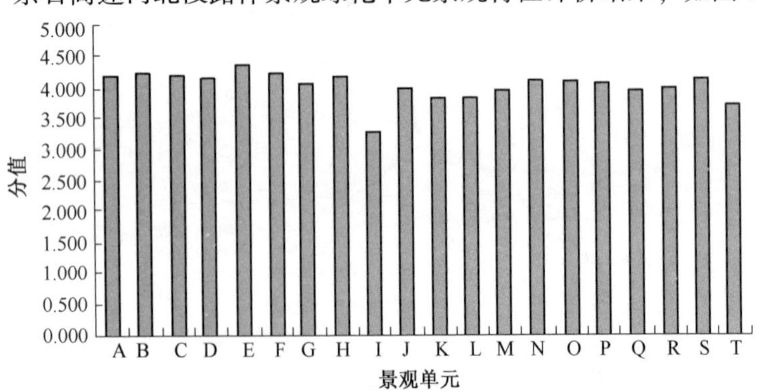


图6-3 京石高速河北段路体景观单元景观特征评价结果

依据均等兼顾个数的原则，按照各景观单元的得分，对京石高速河北段路体绿化景观单元景观特征评价进行分级，结果见表 6-21。

**表 6-21　京石高速河北段路体景观单元景观特征评价分级**

| 等级 | 得分范围（X） | 景观单元名称 |
|---|---|---|
| Ⅰ | X≥4.0 | A、B、C、D、E、F、G、H、N、O、P、S |
| Ⅱ | 4.0>X≥3.5 | J、K、L、M、Q、R、T |
| Ⅲ | X<3.5 | I |

由图 6-3，表 6-21 可以看到，景观单元 E 得分最高，为 4.361，景观单元 I 得分最低，为 3.254；二者相差 1.107，差异显著。在景观特征评价分级中，处于Ⅰ级的景观单元有 A、B、C、D、E、F、G、H、N、O、P、S 等，共计 12 个，占景观单元总数的 60%；处于Ⅱ级的景观单元有 J、K、L、M、Q、R、T 等，共计 7 个，占景观单元总数的 35%；处于Ⅲ级的景观单元只有 I，占景观单元总数的 5%。

### 6.8.3.2　景观质量评价结果与分析

京石高速河北段路体绿化景观单元景观质量评价结果，如图 6-4。

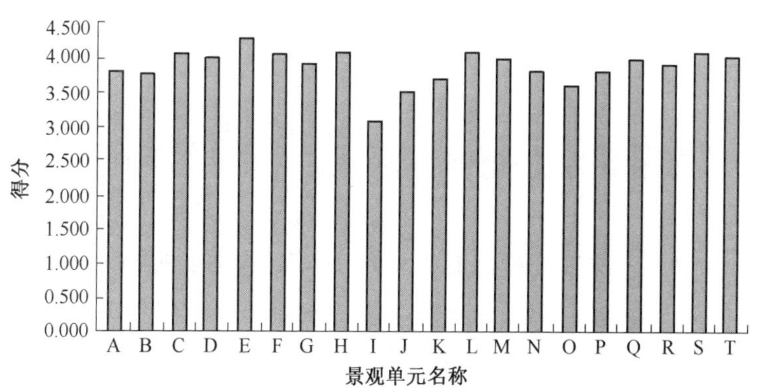


**图 6-4　京石高速河北段路体景观单元景观质量评价结果**

依据均等兼顾个数的原则，根据各景观单元的得分，对京石高速河北段路体绿化景观单元景观质量评价进行分级，结果见表 6-22。

由图 6-4，表 6-22 可以看到，景观单元 E 得分最高，为 4.273；景观单元 I 得分最低，为 3.074；二者相差 1.199，差异极其显著。

在景观质量评价分级中，处于Ⅰ级的景观单元有 C、E、F、L、M、S、T 等，共计 7 个，占景观单元总数的 35%；处于Ⅱ级的景观单元有 A、B、D、G、H、K、N、O、P、Q、R 等，共计 11 个，占景观单元总数的 55%；处于Ⅲ级的景观单元有 I 和 J 等，共计 2 个，占景观单元总数的 10%。

**表 6-22 京石高速河北段路体景观单元景观质量评价分级**

| 等级 | 得分范围（X） | 景观单元名称 |
| --- | --- | --- |
| Ⅰ | X≥4.0 | C、E、F、L、M、S、T |
| Ⅱ | 4.0>X≥3.5 | A、B、D、G、H、K、N、O、P、Q、R |
| Ⅲ | X<3.5 | I、J |

### 6.8.3.3 视觉效果评价结果与分析

京石高速河北段路体绿化景观单元视觉效果评价结果，如图 6-5。

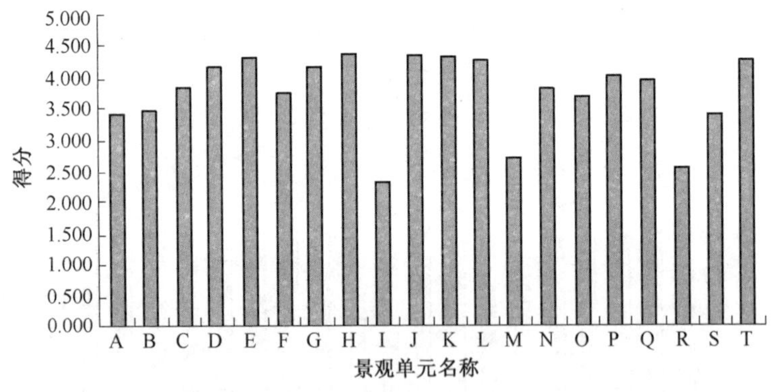


**图 6-5 京石高速河北段路体绿化景观单元视觉效果评价结果**

依据均等兼顾个数的原则，根据各景观单元的得分，对京石高速河北段路体绿化景观单元视觉效果评价进行分级，结果见表 6-23。

**表 6-23 京石高速河北段路体绿化景观单元视觉效果评价分级**

| 等级 | 得分范围（X） | 景观单元名称 |
| --- | --- | --- |
| Ⅰ | X≥4.0 | D、E、G、H、J、K、L、T |
| Ⅱ | 4.0>X≥3.5 | C、F、N、O、P、Q |
| Ⅲ | X<3.5 | A、B、I、M、R、S |

由图 6-5、表 6-23 可以看到，景观单元 H 得分最高，为 4. 352；景观单元 I 得分最低，为 2. 315；二者相差 2. 037，相差悬殊。在视觉效果评价分级中，处于Ⅰ级的景观单元有 D、E、G、H、J、K、L、T 等，共计 8 个，占景观单元总数的 40%；处于Ⅱ级的景观单元有 C、F、N、O、P、Q 等，共计 6 个，占景观单元总数的 30%；处于Ⅲ级的景观单元有 A、B、I、M、R、S 等，共计 6 个，占景观单元总数的 30%。

### 6. 8. 3. 4　植被及环境评价结果与分析

京石高速河北段路体绿化景观单元植被及环境评价结果，如图 6-6。

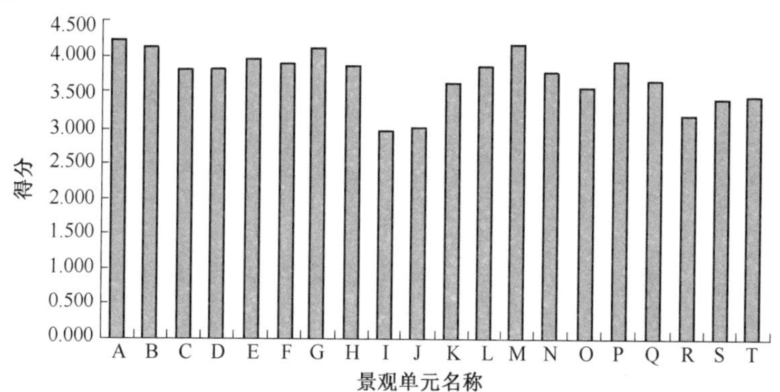


**图 6-6　京石高速河北段路体绿化景观单元植被及环境评价结果**

依据均等兼顾个数的原则，根据各景观单元的得分，对京石高速河北段路体绿化景观单元生态承载力评价进行分级，结果见表 6-24。

**表 6-24　京石高速河北段路体绿化景观单元植被及环境评价分级**

| 等级 | 得分范围（$X$） | 景观单元名称 |
| --- | --- | --- |
| Ⅰ | $X$≥4. 0 | A、B、J |
| Ⅱ | 4. 0>$X$≥3. 5 | C、D、E、F、H、K、L、M、N、O、P、Q |
| Ⅲ | $X$<3. 5 | I、J、R、S、T |

由图 6-6、表 6-24 可以看到，景观单元 A 得分最高，为 4. 233；景观单元 I 得分最低，为 2. 967；二者相差 1. 266，差距显著。在景观生态承载力评价分级中，处于Ⅰ级的景观单元有 A、B、J 等，共

计 3 个，占景观单元总数的 15%；处于Ⅱ级的景观单元有 C、D、E、F、H、K、L、M、N、O、P、Q 等，共计 12 个，占景观单元总数的 60%；处于Ⅲ级的景观单元有 I、J、R、S、T 等，共计 5 个，占景观单元总数的 25%。

#### 6.8.3.5 景观单元总体评价结果与分析

京石高速河北段路体绿化景观单元总体评价结果，如图 6-7。

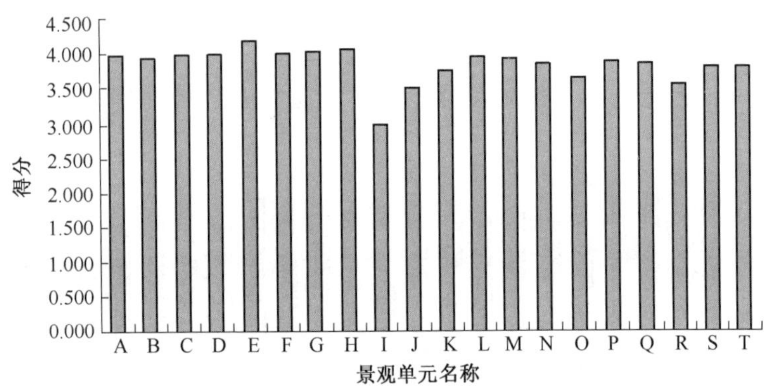


图 6-7 京石高速河北段路体绿化景观单元总体评价结果

依据均等兼顾个数的原则，根据各景观单元的得分，对京石高速河北段路体绿化景观单元总体评价进行分级，结果见表 6-25。

表 6-25 京石高速河北段路体绿化景观单元总体评价分级

| 等级 | 得分范围（$X$） | 景观单元名称 |
| --- | --- | --- |
| Ⅰ | $X \geqslant 4.0$ | E、F、G、H |
| Ⅱ | $4.0 > X \geqslant 3.5$ | A、B、C、D、J、K、L、M、N、O、P、Q、R、S、T |
| Ⅲ | $X < 3.5$ | I |

由图 6-7、表 6-25 可以看到，景观单元 E 得分最高，为 4.197；景观单元 I 得分最低，为 3.001；二者相差 1.196，差距显著。在景观总体评价分级中，处于Ⅰ级的景观单元有 E、F、G、H 等，共计 4 个，占景观单元总数的 20%；处于Ⅱ级的景观单元有 A、B、C、D、J、K、L、M、N、O、P、Q、R、S、T 等，共计 15 个，占景观单元总数的 75%；处于Ⅲ级的景观单元只有 I，占景观单元总数的 5%。

# 第7章

# 华北平原高等级公路路体绿化综合效果评价

高等级公路路体绿化效果整体评价是一个将景观、生态、功能等因素综合分析并进行比较的多目标、多层次的决策分析过程。多目标决策涉及的因素较多，且量化程度较低，甚至不可量化，导致各个因素之间的影响程度不可直接判别。因此，采取适当的决策方法并进行一系列的评价是获得决策结果的有效途径。本章着重建立了评价指标体系并对评价方法进行探讨。

## 7.1 评价模型构建基本原则

要对高等级公路路体绿化效果进行整体评价，评价指标及评价方法的确定都应遵循以下原则。

（1）科学性原则：科学性就是真实、合理的体现出事物的本质，即要求其评价方法科学、客观、合理、公正，评价结果是否真实合理其关键在于指标体系结构的构建是否科学。因此，指标体系结构的构建在单个指标方面要保证数据的真实合理并将各个公路的可比性纳入考虑范畴，在整体方面要综合考虑各个领域并能够体现出公路绿化的典型特点。

（2）系统性原则：系统就是由各种生产要素按一定规则构成的一个有机整体，且各个生产要素之间相互联系、相互作用、相互制约。系统具有特殊的功能和运动规律，时代性和快速性是高等级公路路体绿化的基本特点，并将众多学科相互交融形成一个复杂的系统，也具备其特定的功能和运动规律的特点。因此，要全面反映高速公路路体绿化特点以及基本内容，其评价指标体系必须是一个内部相互联系并具有逻辑关系的有机整体。系统论认为，构建指标体系需要先将总目标逐步分解以了解其层次性，再进行综合使体系相互补充。

指标体系的建立过程应严谨，对各个指标的识别及筛选都应做到全面、不重复。另外作为一个系统的整体，指标体系应包含所有能够反映高速公路路体绿化的因素。

（3）实际性原则：实际性原则是指真实反映高速公路路体绿化情况，其评价方法需牢牢建立在实际的基础上，不脱离实际，否则将影响评价结论，并导致设计施工出现重大问题。

评价方法也应时刻遵循实际性原则，其中包括基础数据的采集应选择易获得且较稀有的数据，评价过程清晰简洁、切实可行。评价指标体系的建立需要依靠目前比较缺少的高速公路路体绿化的有关资料，因此，更应当遵循实际性原则，保证实际可行。

（4）导向性原则：建立高等级公路路体绿化整体评价指标体系的目的在于对各高等级公路路体绿化对比分析，设计部门以此为依据对公路绿化进行设计，投资者以此作为投资依据，也为公路的可持续发展作出参考。所以，公路景观的健康可持续发展关键取决于整体评价指标体系的导向性，为推动发展高速公路路体绿化指引方向。

（5）动态性原则：高等级公路路体绿化整体评价指标体系很难保证在短期内获取真实数据，主要原因是高等级公路路体绿化所带来的影响具有一定的滞后性、复杂性和阶段性。因此，动态性原则是在构建指标体系过程中必须要考虑的原则。

（6）可操作性原则：评价指标体系的可操作性也是重要的原则之一，其设计思路、计算方法、表达方法必须明确，且易于有关部门掌握使用，选择方便测量、调查、计算的指标。因此，评价指标体系的构建要有一定的数理逻辑，能用相应的数学模型来表达并计算，易于掌握。可操作性原则使评价体系便于接受，更好的服务基层。

## 7.2 评价指标体系构建

因子分析法是利用旧指标按一定原则重新组合形成新的综合指标，且新指标相互之间没有关联，然后选取几个综合指标代替原来的指标尽可能多的反映信息。本次评价指标体系的建立涉及的指标数量庞大，因此本节利用因子分析法将数量巨大的指标层重新聚合到新的准则层，将复杂的评价工作简化并更有层次性。

### 7.2.1 评价指标分析模型

因子分析的数学模型为：

$$\left\{\begin{array}{l} X_1 = a_{11}F_1 + a_{12}F_2 + \cdots + a_{1m}F_m \\ X_2 = a_{21}F_1 + a_{22}F_2 + \cdots + a_{2m}F_m \\ \cdots\cdots \\ X_p = a_{p1}F_1 + a_{p2}F_2 + \cdots + a_{pm}F_m \end{array}\right\} \tag{7-1}$$

此时，$X_1, X_2, \ldots, X_p$ 表示 $P$ 个指标。用矩阵表示：

$$\begin{bmatrix} X_1 \\ X_2 \\ \vdots \\ X_p \end{bmatrix} = \begin{bmatrix} a_{11} & a_{12} & \cdots & a_{1m} \\ a_{21} & a_{22} & \cdots & a_{2m} \\ \vdots & \vdots & & \vdots \\ a_{p1} & a_{p2} & \cdots & a_{pm} \end{bmatrix} \begin{bmatrix} F_1 \\ F_2 \\ \vdots \\ F_m \end{bmatrix} + \begin{bmatrix} \varepsilon_1 \\ \varepsilon_2 \\ \vdots \\ \varepsilon_p \end{bmatrix} \tag{7-2}$$

简记为：$X_{p\times 1} = A_{p\times m}F_{m\times 1} + \varepsilon_{p\times 1}$

且满足：

①$m \leqslant p$；

②Cov（$F$，$\varepsilon$）$=0$，即 $F$ 和 $\varepsilon$ 是不相关的；

③ $D(F) = \begin{bmatrix} 1 & & & 0 \\ & 1 & & \\ & & \ddots & \\ 0 & & & 1 \end{bmatrix} = I_m$，即 $F_1$，…，$F_m$ 不相关且方差皆为 1；

④ $D(\varepsilon)=\begin{bmatrix}\sigma_1^2 & & & 0\\ & \sigma_1^2 & & \\ & & \ddots & \\ 0 & & & \sigma_p^2\end{bmatrix}$，即 $\varepsilon_1, \cdots, \varepsilon_1$ 不相关且方差皆不同。

式中：

$X=(X_1, \cdots, X_p)$ ——可测的 $P$ 个指标所构成 $P$ 维随机向量；

$F=(F_1, \cdots, F_p)$ ——不可观测的向量，$F$ 称为 $X$ 的公共因子(潜因子)，即前面说的综合变量，可以把它们理解为在高维空间中互相垂直的 $m$ 个坐标轴；

$a_{ij}$——因子荷载，它是第 $i$ 个变量在第 $j$ 个公共因子上的负荷，如果把变量 $X$ 看成 $m$ 维因子空间中的一个向量，则 $a_{ij}$表示 $X$ 在坐标轴 $F_j$ 上的投影；

矩阵 $A$——因子荷载矩阵；

$\varepsilon$——$X$ 的特殊因子，通常理论上要求 $\varepsilon$ 的协方差是对角线，$\varepsilon$ 中包括了随机误差。

由以上模型的条件可得：$F_1$，$F_2$，$\cdots$，$F_m$，是不相关的。

### 7.2.2 指标层-准则层指标的确定

#### 7.2.2.1 评价指标系统指标层因子确定

首先，由五位公路绿化专家利用归纳法从国内外文献和各种研究报告中选出 52 个指标层的因子；然后将这些因子依据相关性、完备性和排斥性原则整理归纳，形成 7 个维度 42 项指标，以高等级公路路体绿化特征为基础，从美学理论观点出发将这些维度命名，分别命名为经济性、实用性、服务性、艺术性、文化性、生态性、安全性。然后，专家研究小组成员共同讨论该分类框架，对所列出的条目进行二次归类，将各测量因子重新划分，最终得环境、安全、景观、经济等 4 个维度 15 项指标层因子。

然后向现场发放调查问卷进行研究，发放 100 份，回收 89 份，借助 SPSS 软件对问卷的信度进行分析，结果显示，Cronbach alpha 值为 0. 932，高于临界值 0. 700，证明所调查的数据真实有效。

#### 7.2.2.2 结果分析

将89份有效问卷利用SPSS软件分析其探索性因子，数据显示：KMO系数为0.786；Bartlett球形度检验结果显示，数据卡方值为252.18，自由度为14，显著性0.00，表明该数据可以进行因子分析。用因子分析，利用特征值大于1，因素负荷值大于0.5以上的题目来确定准则层的构成。剩余的题目再进行因子分析，排除3项交叉落在不同维度的因子，得到一个4维因子结构。这4个维度分别是环境、安全、景观和经济，见表7-1。表7-1列出了4个维度上的因子负荷值。

表7-1 高等级公路路体绿化效果整体评价因子正交旋转后因子负荷矩阵

| 指标层因子 | 维度 | | | |
|---|---|---|---|---|
| | 维度1 | 维度2 | 维度3 | 维度4 |
| 绿化覆盖率 | 0.712 | | | |
| 植物生长状况 | 0.786 | | | |
| 绿量率 | 0.719 | | | |
| 防眩能力 | | 0.754 | | |
| 固土护坡 | | 0.763 | | |
| 视觉引导 | | 0.688 | | |
| 舒适度 | | 0.695 | | |
| 景观格局 | | | 0.739 | |
| 景观协调性 | | | 0.677 | |
| 景观观赏度 | | | 0.723 | |
| 建设成本 | | | | 0.598 |
| 养护成本 | | | | 0.637 |
| 特征值 | 7.532 | 2.985 | 2.039 | 1.524 |
| 解释的方差 | 27.355 | 9.713 | 7.841 | 5.635 |
| 解释的累积方差 | 27.355 | 37.068 | 44.909 | 50.544 |

根据以上，高速公路绿化效果评价中指标层-准则层的指标由此

确定，见表 7-2。

**表 7-2 高等级公路路体绿化效果整体评价中指标层-准则层指标**

| 准则层 | 环境 | 安全 | 景观 | 经济 |
|---|---|---|---|---|
| 指标层 | 绿化覆盖率<br>植物生长状况<br>绿量率 | 防眩能力<br>固土护坡<br>视觉引导<br>舒适度 | 景观格局<br>景观协调性<br>景观观赏度 | 建设成本<br>养护成本 |

## 7.3 评价指标体系检验

### 7.3.1 结构方程方法

采用模型拟合指数检验由结构模型和测量模型共同构成的结构方程的合理性。

#### 7.3.1.1 结构模型

模型可采用下式表示：

$$\eta = B\eta + \Gamma\xi + \zeta \tag{7-3}$$

式中：$\eta$——潜在内生变量（潜在因变量）矩阵；

$B$——结构系数矩阵，它表示结构模型中潜在变量矩阵 $\eta$ 的构成要素间的相互影响。

$\Gamma$——结构系数矩阵

$\xi$——潜在外生变量（潜在自变量）矩阵；

$\zeta$——结构方程残差矩阵。

#### 7.3.1.2 测量模型

内生及外生潜变量的方程式共同构成的测量模型如下：

$$\begin{cases} y = \Lambda_y\eta + \varepsilon \\ x = \Lambda_x\xi + \delta \end{cases} \tag{7-4}$$

式中：$x=(x_1, x_2, \cdots, x_p)$——外生观测变量构成的向量；

$y=(y_1, y_2, \cdots, y_p)$——内生观测变量构成的向量；

$\Lambda_y$——内生标识的负载矩阵；

$\Lambda_x$——外生标识的负载矩阵（任娟，2013）；

$\varepsilon$——内生变量的测量误差向量；

$\delta$——外生变量的测量误差向量。

### 7.3.1.3 完整的结构方程模型

SEM 模型由结构与测量模型共同组成，具体表示如下：

$$\begin{cases} \eta = B\eta + \Gamma\xi + \zeta \\ y = \Lambda_x \eta + \varepsilon \\ x = \Lambda_x \xi + \delta \end{cases} \tag{7-5}$$

由上式计算可得观测变量间的最终协方差：

$$\sum(\theta) = \begin{bmatrix} \sum_{xx} & \sum_{xy} \\ \sum_{yx} & \sum_{yy} \end{bmatrix} = \begin{bmatrix} E(xx') & E(xy') \\ E(yx') & E(yy') \end{bmatrix}$$

$$= \begin{bmatrix} \Lambda_x \Phi \Lambda_x' + \theta\delta & \Lambda_y \mathrm{Cov}(\eta, \xi) \Lambda_x' \\ \Lambda_x \mathrm{Cov}(\xi, \eta) \Lambda_y' & \Lambda_y \mathrm{Cov}(\eta) \Lambda_y' + \theta\varepsilon \end{bmatrix}$$

$$= \begin{bmatrix} \Lambda_x \Phi \Lambda_x' + \theta\delta & \Lambda_y B^{*-1} \Gamma \Phi \Lambda_x' \\ \Lambda_x \Phi \Gamma B^{*-1} \Lambda_y' & \Lambda_y B^{*-1} (\Gamma \Phi \Gamma' + \Psi) B^{*-1} \Lambda_y' + \theta\varepsilon \end{bmatrix} \tag{7-6}$$

结构模型的评价原理是根据样本估计预先设定的模型参数，然后将方差协方差矩阵进行重建，与此同时，要尽量保证与观测的方差协方差矩阵相匹配，模型拟合数据的程度与二者的匹配程度相关（崔轶，2007）。

### 7.3.1.4 模型拟合指数

①拟合优度指标 *GFI*（Goodness-off-fit index）：

$$GFI = 1 - \frac{F[S, \Sigma(\hat{\theta})]}{F[S, \Sigma(\theta)]} \tag{7-7}$$

*GFI* 测定模型引申的方差协方差矩阵 $\Sigma$ 在多大程度上预测显变量的方差协方差矩阵 $S$。如果 $\Sigma = S$，则 GFI=1，称模型完美拟合，一般要求该值要大于 0.9（崔田田，2011）。

②近似误差均方根（root mean square error of approximation，RM-

SEA)

公式如下：

$$RMSEA = \sqrt{\widehat{F_0}/df} \tag{7-8}$$

$$\widehat{F}_0 = \mathrm{MAX}\left[\widehat{F} - \frac{df}{n-1},\ 0\right] \tag{7-9}$$

式中：

$\widehat{F_0}$——总体差异（距离）函数（Population discrepancy function, PDF）的估计。

较好的模型拟合要求 *RMSEA* 的 90%置信区间上限在 0.08 及以下（阎莹，2011）。

### 7.3.2 检验结果

检验方法是通过结构方程建模，并利用 AMOS 7.0 进行估计。图 7-1 为完全标准化结果绘制的结构方程模型。结果显示，全部条目的

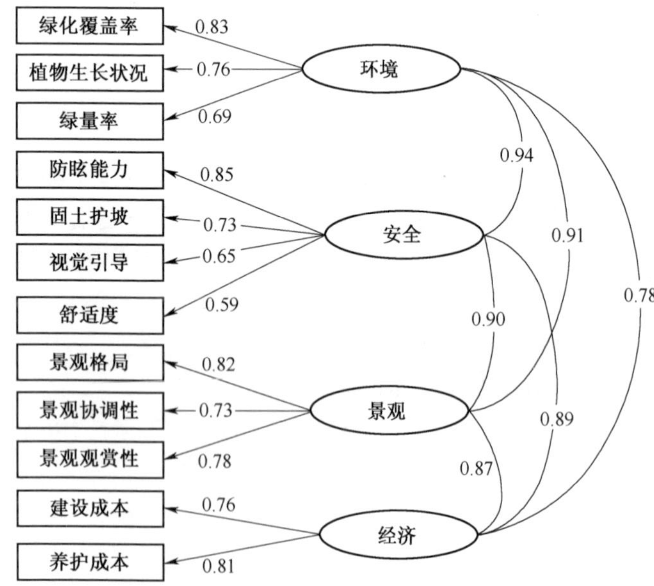


图 7-1 完全标准化结果绘制的结构方程模型

因素负荷都在可接受的范围内，并且预测的潜变量高度真实可信。模型总体卡方值 213.7，自由度 105，RMSEA0.07，GFI0.95，CFI0.945，NNFI0.962，明确了可测变量的总体效果和信度的负荷水平，GFI0.95>0.9。以上数据证明，真实的观测数据与假设的因子分析结果证明假设的因子有高的拟合度。

对高等级公路路体绿化效果整体评价指标系统的准则层指标抽取二阶因子，检验其准则层指标是否描述了高等级公路路体绿化效果，即目标层指标。模型如图 7-2（聂丹，2011）。模型的总体卡方值是 202.8，自由度是 92，*RMSEA* 是 0.07，*GFI* 是 0.938，*CFI* 是 0.97，*NNFI* 是 0.96，表明卡方值不因自由度的减少而出现明显变化，即证明二阶模型拟合好。从图 7-2 可以看出，该评价指标系统的准则层的指标的 4 个维度在更高阶上都聚合到高等级公路路体绿化效果整体评价这一因素上来，说明指标系统能够充分反映出高速公路路体绿化效果，信度和效度都在所要求的范围内。

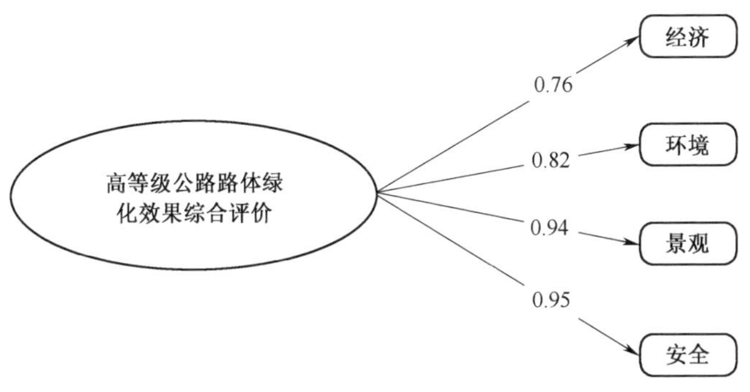


**图 7-2 高等级公路路体绿化效果整体评价指标系统抽取二阶因素模型**

## 7.4 评价指标体系

经过上述方法，最终构建高等级公路路体绿化效果整体评价指标体系，如图 7-3。

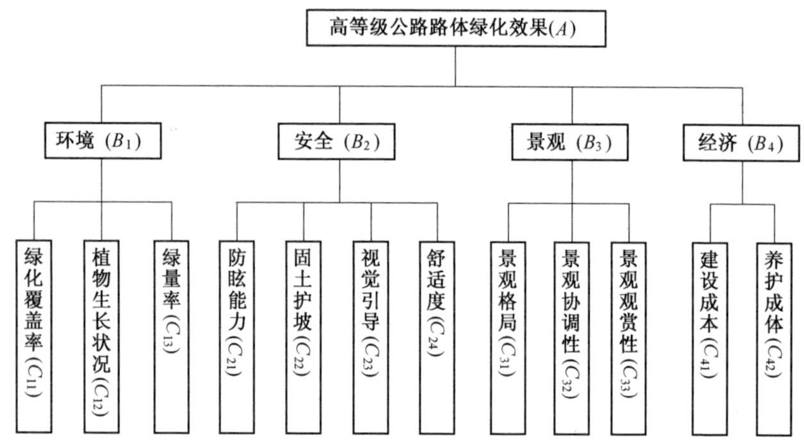


**图 7-3 高等级公路路体绿化效果整体评价指标体系**

## 7.5 评价指标分级

### 7.5.1 环境领域评价指标（$B_1$）

高等级公路路体绿化效果环境领域评价指标包括两方面，一是高等级公路路体绿化植物对立地环境的适应状况，二是高等级公路路体绿化对公路环境的生态改善情况。其指标包括绿化覆盖率（$C_{11}$）、植物生长状况（$C_{12}$）、绿量率（$C_{13}$）。评价指标的具体含义及评价标准如下。

#### 7.5.1.1 绿化覆盖率（$C_{11}$）

(1) 含　义

绿化覆盖率是指某研究高等级公路路段路体绿化所占有的面积在公路路体面积中所占有的百分比，用来描述公路生态质量和绿化效果的好坏。从定量角度反映绿化功能，其计算公式如下：

$$D = \frac{\sum_{i=1}^{n} d_i \cdot s_i}{\sum_{i=1}^{n} s_i} \times 100\% \tag{7-10}$$

式中：$D$——研究公路路体绿化覆盖率；

$s_i$——某种类型土地的面积；

$d_i$——某种类型土地的平均覆盖率；

$n$——区域中该种类型土地的总数。

（2）评价标准

评价标准见表 7-3。

**表 7-3　高等级公路路体绿化覆盖率指标分级标准**

| 评价指标 | 分级标准与赋值/分 | | | | |
|---|---|---|---|---|---|
| | Ⅰ（5） | Ⅱ（4） | Ⅲ（3） | Ⅳ（2） | Ⅴ（1） |
| 绿化覆盖率/%（$X$） | $X\geqslant 90$ | $90>X\geqslant 80$ | $80>X\geqslant 70$ | $70>X\geqslant 60$ | $X<60$ |

### 7.5.1.2　植物生长状况（$C_{12}$）

（1）含　义

植物生长状况指高等级公路路体绿化植物生长表现。枝繁叶茂、生长健壮，没有病虫害的植物可以反映出其能够很好地适应生长立地环境，同时，能够充分发挥其各种功能。反之，生长病弱，则反映出植物对当地的立地环境难以适应，不能够正常发挥其应有的各种功效。

（2）评价标准

评价标准见表 7-4。

**表 7-4　高等级公路路体绿化植物生长状况评价指标分级标准**

| 评价指标 | 分级标准与赋值/分 | | | | |
|---|---|---|---|---|---|
| | Ⅰ（5） | Ⅱ（4） | Ⅲ（3） | Ⅳ（2） | Ⅴ（1） |
| 植物生长状况 | 生长状况极佳，无病虫害现象 | 生长状况好，基本无病虫害 | 生长状况较好，病虫害较少 | 生长状况尚可，病虫害控制效果一般 | 生长状况差，病虫害严重 |

#### 7.5.1.3 绿量率（$C_{13}$）

（1）含　义

有关绿量率的概念，在第三章已作阐述。在高等级公路路体绿化效果综合评价中，本指标用叶面积指数进行考量。叶面积指数（leaf area index）是单位土地面积上的叶片的总面积。它与植物的呼吸作用、光合作用、蒸腾作用以及碳循环等多项生理和生态功能都息息相关，是一项非常重要的绿化结构指标（李红杰，2011）。

（2）评价标准

绿量率评价指标为正指标，即指标数据越大越好。在有限评价对象范围内，对其进行相对指标值处理，公式为：$X=G_i'/G\max'$，$X\in[0,1]$。评价标准见表 7-5。

**表 7-5　高等级公路路体绿化绿量率指标分级标准**

| 评价指标 | 分级标准与赋值/分 | | | | |
|---|---|---|---|---|---|
| | Ⅰ（5） | Ⅱ（4） | Ⅲ（3） | Ⅳ（2） | Ⅴ（1） |
| 绿量率（$X$） | $X\geqslant0.9$ | $0.9>X\geqslant0.8$ | $0.8>X\geqslant0.7$ | $0.7>X\geqslant0.6$ | $X<0.6$ |

### 7.5.2 安全领域评价指标（$B_2$）

#### 7.5.2.1 防眩能力（$C_{21}$）

（1）含　义

公路路体绿化防眩能力与中央分隔带栽植的高度、间距有密切关系。防眩效果需保证种植在中央分隔带的灌木超过车内人的视线高度（小车>1.5m，大车>2.0m），并且满足如下公式：

$$S=d/\sin(A/2) \tag{7-11}$$

式中：$S$——中央分隔带植株间距；

$d$——灌木树冠直径；

$A$——汽车行驶方向视角。

一般来说，中央分隔带的植物的高度和间距有很大的不确定性。原因主要有 3 个：第一，若种植的间距过大就会导致眩光，原因是中央分隔带起不到很好的遮光作用；第二，植物在成熟期后的高度达不到防眩要求，原因是驾驶员受到越过中央分隔带对向来车大灯的照射；第三，植物成活率的问题，导致最初设置好的间距和高度的分隔带最终达不到要求。

另外，在其他条件相同的情况下，平曲线外侧车辆与直线路段的车辆所受到的眩晕程度有所不同，原因是曲线半径的影响。据前人研究成果得知，平曲线处的植物所设置的间距要更小才能保证防眩角达到要求，起到应有的防眩效果。

竖曲线路段的植物在防眩方面也有特殊的要求，凹形竖曲线需要将植物调高，凸形竖曲线在地面处需要有地被植物的辅助，或将植物的下缘设置在贴近地面的高度。因此，竖曲线路段的纵向调整也对眩晕效果有一定的影响。

在中央分隔带上每隔一段距离所设置的开口处是绿化防眩的漏洞，开口处隔离设施上是否增加防眩装置将直接影响整个路段的防眩效果。

（2）评价标准

评价标准见表 7-6。

**表 7-6 高等级公路路体绿化防眩能力指标分级标准**

| 评价指标 | 分级标准与赋值/分 | | | | |
|---|---|---|---|---|---|
| | Ⅰ（5） | Ⅱ（4） | Ⅲ（3） | Ⅳ（2） | Ⅴ（1） |
| 防眩能力 | 栽植植物高度、间距得当，合理。植物生长健壮 | 栽植植物高度、间距较为得当，合理。植物生长良好 | 栽植植物高度、间距尚可，合理。植物生长一般 | 栽植植物高度、间距不完全得当、合理。植物生长欠佳 | 栽植植物高度、间距不合理。植物生长差 |

### 7.5.2.2 固土护坡（$C_{22}$）

（1）含 义

固土护坡指标是指高等级公路路体绿化对公路路体减少水土流失，防止发生地质灾害的能力的评价。水土流失是指地表土壤在受到重力、风力、水力等的作用下，引起的土壤的移动，导致土壤的损失。水土流失量一般表示水土流失的多少。

（2）评价标准

固土护坡能力的大小与水土流失强度、灾害发生频率以及边坡绿化施工方案合理性程度相对应。评价标准见表 7-7。

表 7-7 高等级公路路体绿化固土护坡指标分级标准

| 评价指标 | 分级标准与赋值/分 | | | | |
|---|---|---|---|---|---|
| | Ⅰ（5） | Ⅱ（4） | Ⅲ（3） | Ⅳ（2） | Ⅴ（1） |
| 固土护坡 | 坡面破损率<2%，坡面产沙量<1g/（$cm^2$·a）。 | 2%≤坡面破损率<5%，1g/（$cm^2$·a）≤坡面产沙量<1.5g/（$cm^2$·a）。 | 5%≤坡面破损率<10%，1.5g/（$cm^2$·a）≤坡面产沙量<2.5g/（$cm^2$·a）。 | 10%≤坡面破损率<20%，2.5g/（$cm^2$·a）≤坡面产沙量<5g/（$cm^2$·a）。 | 坡面破损率≥20%，坡面产沙量≥5g/（$cm^2$·a）。 |

### 7.5.2.3 视觉引导（$C_{23}$）

（1）含　义

视觉引导是指高等级公路路体绿化以沿线的交通标志的设计，能否引导驾驶员得到正确的信息，使其在公路上流畅的行驶。所以把视觉特性与交通标志标线的一致性做为评价尺度。视觉引导的评价一般包括平曲线内侧绿化对行车视距的影响，横向通视，大冠径常绿类植物对道路净空、驾驶员心理的影响，绿化遮挡交通标志或高速公路出入口对行车产生的误导现象等几个方面。驾驶员在行车过程中，沿途的绿化在方向、行车边界、道路线形及危险路段等方面影响着其视线。

路侧绿化景观是行车途中主要的视觉对象，驾驶员靠路侧绿化景观判断公路的线形，是保障行车安全的重要因素。在行车过程中，路侧绿化景观对驾驶员起到了导向的作用，驾驶员可以根据绿化景观的变化判断公路的弯直程度，进而准确的引导驾驶。路侧绿化景观给驾驶员带来的方向上的空间视觉效果比公路本身所带来的效果更明显、更直观。一般来说，路侧绿化景观的设计是利用植物的高度和位置来表示某一路段的位置的线形变化，这一设计理念能够避免驾驶员因视线反映不及而出现的交通事故。例如，在弯道路两侧种上树木，驾驶员在行车过程中根据树的导向准确的判断弯道的弯曲程度，顺利的通过弯道。当然，如果路侧绿化景观种植不当的话，不但不会帮助驾驶员正确判断公路状况，还会误导驾驶员对公路状况作出错误的判断，进而有出现交通事故的隐患，这种状况在平面曲线和凸形曲线相结合的路段出现的更加频繁。

在生活中，路侧绿化植物因为逐年生长，枝叶也会越来越茂盛，遮挡交通提示牌的现象较为普遍，尤其是在生态高速公路上，那里的提示牌较多且分布密集，驾驶员在开车行驶过程中，不能及时地得到提示牌的信息，容易导致交通事故的发生。交通提示牌无法及时被行车人员看到，除了自身板面设计、支撑方式等原因外，路侧植物群落的冠幅、树高、位置等也有很大的影响。只有让路侧绿化植物和交通提示牌之间的距离达到最为理想时，才能杜绝因为树木的遮挡不能及时看到提示牌而引发的交通事故。

为了保障公路的安全行驶，在一定高度上和宽度上，禁止出现一切影响车辆正常通行的障碍物，保证道路上绝对顺畅的界限，即道路净空。在高速公路上，道路中央分隔带上的植物，对超车道上的车辆起了阻碍的作用。其存在形式就是侵入道路净空的表现，其形式有两种：①车辆在行驶过程中，对路肩的距离有一定的限制，速度越快，距离越大，植物有时会将车道全部侵占，这不仅考验驾驶员的开车技术，也在考验驾驶员的心理素质；②道路旁边的植物和中央分隔带的植物在生长过程中会因平曲线的半径过小而入侵道路净空，平曲线内侧行车道及中央分离带外侧超车道都会受其影响，从而影响到行车过程中的行车视距，容易造成交通事故（叶亚丽，2006）。

通常情况下，驾驶员对于道路净空的认识只是单纯的概念认知，只是从心理上有所了解。这种心理上的估计使驾驶员在行车过程中不管能不能碰到树枝都会有意识地避开它们，这就会造成行车道变窄，影响行车速度和安全。在立交匝道上，这种现象体现的尤为突出，驾驶员往往因为紧急避让造成行车空间狭小，加大了出现交通事故出现的频率。路侧绿化植物在设计时，往往会忽略天气对其的影响。这对于突发的天气变化，可能会使植物侵占道路净空，从而为行车带来安全隐患。

中央分隔带绿化在保障防眩效果的同时，也要满足驾驶员横向通视、看到斜前方的要求。如果中央分隔带植物高度过高，或株距过近，将影响驾驶员的视线，使驾驶员横向的视线遭到阻碍。横向视线不清，不但会给驾驶员造成心理压力，在车辆交错时造成影响容易产生交通事故，影响行车质量，也不便于路管车辆的巡逻检查。

另外，路侧绿化在栽植过程中，可能因为栽植难度大，有的会与道路的线形不一致，容易给驾驶员带来误导，或因路侧绿化以外的树木，让驾驶员误以为是路侧树，从而影响驾驶员对交通线条的判断。

驾驶员在行车过程中，平曲线内侧是视线盲区，有时要借助一些工程措施来保障行车距的清晰。为此，在山路或者是弯道频发的地段，绿化植物的栽植要特别注意，树木的树冠、高度及栽植位置都应不影响行车视距。

（2）评价标准

评价标准见表 7-8。

**表 7-8 高等级公路路体绿化视觉引导指标分级标准**

| 评价指标 | 分级标准与赋值/分 | | | | |
|---|---|---|---|---|---|
| | Ⅰ（5） | Ⅱ（4） | Ⅲ（3） | Ⅳ（2） | Ⅴ（1） |
| 视觉引导 | 能够很好诱导驾驶员视线，无侵占道路净空现象。横向通视良好 | 能够较好诱导驾驶员视线，基本无侵占道路净空现象。横向通视较好 | 诱导驾驶员视线效果一般，存在侵占道路净空现象。横向通视尚好 | 诱导驾驶员视线效果较差，侵占道路净空现象时有发生。横向通视较差 | 诱导驾驶员视线效果差，侵占道路净空现象普遍。横向通视差 |

### 7.5.2.4 舒适度（$C_{24}$）

（1）含　义

合理、优美的公路路体绿化景观，不仅能从生理上给驾驶员带来视觉享受，而且还能使驾驶员心情愉悦，缓解驾驶的疲劳感，调节驾驶员心理起到很重要的作用（王继夏 2007）。舒适度是指公路使用者对路体绿化的心理感受的评价分析指标。包括以下几个方面。

为了不影响驾驶员观赏景物，路边的栽植与行车轨迹的距离，见表 7-9。

**表 7-9　路边栽植距外侧车道行车轨迹的最小距离**

| 车速 | (km/h) | 20 | 40 | 60 | 80 | 100 | 120 | 140 |
|---|---|---|---|---|---|---|---|---|
| | (m/s) | 5.56 | 11.11 | 16.67 | 22.22 | 27.8 | 33.3 | 38.9 |
| 最小距离 | (m) | 1.71 | 3.39 | 5.09 | 6.79 | 8.50 | 10.99 | 12.84 |

驾驶员有时候不能及时辨别信息，色彩适应的能力也需要时间。如果公路绿化植物过于繁多杂乱，就会很容易占据驾驶员的视线，这就减弱了驾驶员处理应急状况的能力，容易造成交通事故。

植物自身的美观性，合理的绿化设计能正面影响驾驶员心理。长距离单一绿化模式可能会对驾驶员产生单调、乏味等心理影响，易产生视觉疲劳。在盘山公路、悬崖、湖泊等高危路段密植一些高大、粗壮、树冠茂密的树木，会给驾驶员带来安全感，消除高危路段给驾驶员带来的紧张感和压迫感，从而会让驾驶员从容地通过高危路段，避免发生交通事故。

公路路侧的景观的好坏影响着驾驶员和乘车人员的心情，颜色过于单调，公路会毫无生气，给驾驶员带来单调乏味的感觉，会使驾驶员感觉沉闷，孤独，使驾驶员产生疲惫感。相反，如果公路路侧的景观颜色多样丰富，会给驾驶员和乘车人员带来生机勃勃的景象，会愉悦人们的身心，活跃驾驶员的情绪。人们在路侧的绿化景观里，色彩对人的心里有着很大的影响，丰富的色彩会使人生理机能相协调；从心理学角度出发，缓解疲劳使其心情愉悦；从美学角度出发，丰富的色彩能够引人产生对美的无限遐想，提升人的精神境界。在这里所谓的丰富的色彩，并不是单株产生的单一色彩，而是道路绿化景观之间相互组合、搭配产生的组合色彩。如果路侧绿化景观搭配不当的话，不但不会给人以积极的作用，还会容易造造成交通事故。另外，路侧绿化景观搭配不当，会使驾驶员不能及时的看到交通提示牌，使交通提示牌发挥不到应有的作用。

植物的频闪效应是在太阳的照射下，植物的投影会映射到公路上，使公路呈现出明暗交错的状态，车辆行驶在这样的公路上，会给视觉造成很大的压力，进而产生类似频闪效应的视错觉。植物的频闪效应会让驾驶员的眼睛产生疲劳感，视线会出现黑斑等错觉，进而会引起因疲劳产生的头痛，降低分辨物体的能力，为行车过程中带来安全隐患。可以用频闪深度来表示频闪程度（范辉，2006）。

频闪深度=（光线最强值-光线最弱值）/光线最强值×100%　　(7-12)

当车辆行驶至隧道时，会出现“明暗适应性”的问题，驾驶员的眼睛无法短时间适应光线的突然变化，一般情况下，人眼适应这种光线骤变在 10s 后才能恢复到正常情况下的 65%。所以，隧道口旁路旁植物应选择树冠茂密、树干高大的，用这种明暗柔和的过渡，缓冲这种明暗变化，保证车辆行驶的安全性。

（2）评价标准

评价标准见表 7-10。

**表 7-10　高等级公路路体绿化舒适度指标分级标准**

| 评价指标 | 分级标准与赋值/分 | | | | |
|---|---|---|---|---|---|
| | Ⅰ（5） | Ⅱ（4） | Ⅲ（3） | Ⅳ（2） | Ⅴ（1） |
| 舒适感 | 边坡绿化使行人轻松舒适，心情很愉悦 | 行人轻松舒适，心情愉悦 | 行人较为轻松舒适，心情较愉悦 | 行人未感到不适，情绪稳定 | 行人心情变差，焦躁不安 |

## 7.5.3　景观领域评价指标（$B_3$）

### 7.5.3.1　景观格局（$C_{31}$）

（1）含　义

对高等级公路的某一路段的绿化植物进行景观格局分析，必须结合其分析的基本原理，进而做出相应的评价。

我们选取了一些对景观结构变化敏感，又能全面反映景观格局相关特点的 16 个指标，并将这些指标分为 5 个类型，其中包括景观破碎性分析、景观聚集度和分离度分析、景观类型分析、景观异质性分析和景观总体层次多样性分析。主要景观格局计算公式如下：

①景观多样性指数：景观类型用复杂度和丰富度来表示多样性指数。多样性指数在功能和结构上都随着时间的变化而发生变化，并表现出多样性。

计算公式如下（王清春，2002）：

$$H = -\sum_{i}^{m}(P_i \ln P_i) \tag{7-13}$$

式中：$H$——景观多样性指数，$H$ 越大景观越丰富；

$m$——景观类型数目；

$P_i$——第 $i$ 个景观类型所占面积的比例。

②景观优势度：优势度指数是计量一种或几种景观类型支配景观的程度。计算公式如下：

$$D = H_{\max} + \sum_{i}^{m}(P_i \ln P_i) \tag{7-14}$$

式中：$D$——景观的优势度；

$m$——景观类型数目；

$P_i$——第 $i$ 个景观类型所占面积的比例；

$H_{\max}$——最大景观多样性指数（薛欣飞，2007）。

从上可知景观多样性指数与景观优势度成反比，景观优势度越小，多样性指数愈大。

③景观均匀度：均匀度指数是表示景观多样性指数的其中一个，它描述了不同景观类型所表现出的均匀程度。计算公式如下（王婵玥，2011）：

$$E = H/H_{\max} \tag{7-15}$$

式中：$E$——均匀度；

$H$——Simpson 多样性指数。

④景观破碎度指数：景观破碎度与自然保护紧密相关，破碎度是将景观分割成多个部分，通过分析反映了人为对景观的干扰程度，它能够较为可观的反映空间结构的复杂性。它是由于受到外界干扰所导致的景观从单一趋向整体、均质趋向异质、连续趋向不连续的过程。计算公式如下（由畅，2006）：

$$C_i = N_i/A_i \tag{7-16}$$

式中：$C_i$——景观 $i$ 的破碎度；

$N_i$——景观 $i$ 的斑块数；

$A_i$——景观 $i$ 的总面积。

⑤分维数：分维数是指内部斑块受外界斑块的干扰程度。受人类

影响较大，干扰度随人类活动的增强而增强，形状由复杂趋于简单，最终趋于直线型，分维数也相对变低；没有受到人类干扰的或人类干扰较小的斑块，分维数显示较高。通常，分维数的理论值范围处于1-2之间，1则表示正方形斑块，2则表示相同面积最复杂的斑块。计算公式如下：

$$FD = \frac{2\ln\left(\frac{P}{4}\right)}{\ln(A)} \tag{7-17}$$

式中：$FD$——分维数；

$P$——斑块周长；

$A$——斑块面积。

⑥分离度：不同斑块在某一景观类型的分离程度称为分离度。计算公式如下：

$$V_i = D_{ij}/A_{ij} \tag{7-18}$$

式中：$V_i$——景观类型 $i$ 的分离度；

$D_{ij}$——该景观距离指数；

$A_{ij}$——该景观面积指数。

（2）评价标准

评价标准见表7-11。

**表7-11　高等级公路路体绿化景观格局指标分级评分标准**

| 评价指标 | 分级标准与赋值/分 | | | | |
|---|---|---|---|---|---|
| | Ⅰ（5） | Ⅱ（4） | Ⅲ（3） | Ⅳ（2） | Ⅴ（1） |
| 景观格局 | 非常合理 | 较为合理 | 一般 | 存在明显不足 | 不合理 |

#### 7.5.3.2　景观协调性（$C_{32}$）

（1）含　义

景观协调性指标评价内容包括高等级公路路体绿化与周围环境景观是否协调、自然，是否能融为一体。另一方面，还包括乡土性。乡土性可以反映当地的道路在绿化建设过程中所形成的具有明显地域特征的现象。乡土树种因对本地气候的适应，成活率高，生长健康迅速，代表当地的地域特色。优美的乡土树种可以使人们的身心倍感轻松，还可以使人感受到强烈的地域文化气息，不仅本地人特别喜爱，外地人也非常向往。

（2）评价标准

评价标准见表 7-12。

**表 7-12　高等级公路路体绿化景观协调性指标分级评分标准**

| 评价指标 | 分级标准与赋值/分 | | | | |
|---|---|---|---|---|---|
| | Ⅰ（5） | Ⅱ（4） | Ⅲ（3） | Ⅳ（2） | Ⅴ（1） |
| 景观协调性 | 绿化与周围环境充分融合，非常协调。乡土植物比例≥55 | 统一协调，自然程度高。乡土植物比例≥50 | 融合度较高，比较协调。乡土植物比例≥45 | 未破坏公路及周边环境，稍显生硬。乡土植物比例≥40 | 不协调，很生硬。乡土植物比例<40 |

### 7.5.3.3　景观观赏性（$C_{33}$）

（1）含　义

本指标是对高等级公路路体绿化景观从美学角度进行评价。从以下几方面进行评价分析。

①植物丰富程度：植物的种类丰富，增加观赏部位和观赏类型，且可连成一个连续的观赏景观。相反，如果植物种类较少，观赏部位太过单一，季节交替性不明显或在某一段时间没有观赏的景观，就会给人乏味，没有生机的印象。

②绿期：绿期是指植物在一年过程中，没有达到枯黄且保持绿色的天数，对于灌木来说，当树冠上 2/3 的叶片开始凋零时，说明已经开始枯黄了；当灌木顶端有 3 片新萌芽的叶片的时候，它就已经进入返春阶段；对于草本植物而言，当观察到植株外观颜色变成黄色时进入枯黄期，当外观的颜色开始变绿时开始返春。

③植物形态：植物的形态包括很多方面，主要有植物的树干、冠幅、花枝叶果等，植物形态是一个整体的判断标准。通常情况下，植物的外形会给人以第一印象，外形美观且可开花的观赏性就强。

（2）评价标准

评价标准见表 7-13。

表 7-13 高等级公路路体绿化景观观赏性指标分级评分标准

| 评价指标 | 分级标准与赋值/分 | | | | |
|---|---|---|---|---|---|
| | Ⅰ（5） | Ⅱ（4） | Ⅲ（3） | Ⅳ（2） | Ⅴ（1） |
| 景观观赏性 | 季相变化非常明显，色彩搭配非常协调。绿期≥270d。单株、群落造型非常优美，观赏性非常强。多层垂直郁闭群落。比例非常合适，景观空间效果极佳。丰富度≥0.9 | 季相变化明显，色彩搭配协调。绿期≥240d。株群造型优美，观赏性强。水平郁闭群落。比例合适，景观空间效果好。丰富度≥0.8 | 季相变化较明显，色彩搭配较协调。绿期≥210d。株群造型较优美，观赏性较强<br>稀疏型群落。比例较合适，景观空间效果良好。丰富度≥0.6 | 有一定季相变化，色彩搭配一般协调。绿期≥180d。株群造型一般，观赏性尚可。低矮型群落。比例失宜，景观空间效果一般。丰富度≥0.4 | 无明显季相变化，色彩搭配杂乱。绿期≥150d。株群造型差，观赏性较差。空旷型群落。比例失调，景观空间效果差。丰富度<0.4 |

## 7.5.4 经济领域评价指标（$B_4$）

### 7.5.4.1 建设成本（$C_{41}$）

（1）含 义

该指标是高等级公路路体绿化建设成本的一个评价指标。从经济成本控制来对绿化效果进行评价，引导工程建设者控制成本造价，降低建设成本，提高工程效益。本指标为负指标。

（2）评价标准

建设成本指标值采用相对值，公式如下：

$$X_i' = \begin{cases} 1 - \dfrac{X_i - X_{\min}}{X_{\min}} & X_i < 2X_{\min} \\ 0 & X_i \geqslant 2X_{\min} \end{cases} \tag{7-19}$$

其取值范围为［0，1］。评价标准见表 7-14。

表 7-14　高等级公路路体绿化景观建设成本指标分级评分标准

| 评价指标 | 分级标准与赋值/分 | | | | |
|---|---|---|---|---|---|
| | Ⅰ（5） | Ⅱ（4） | Ⅲ（3） | Ⅳ（2） | Ⅴ（1） |
| 建设成本($X'$) | $X'\geq 0.8$ | $0.8>X'\geq 0.7$ | $0.7>X'\geq 0.6$ | $0.6>X'\geq 0.5$ | $X'<0.5$ |

### 7.5.4.2　养护成本（$C_{42}$）

（1）含　义

该指标是高等级公路路体绿化建成后对现有绿地进行管护产生的费用进行评价，为负指标。对绿地养护来言，用低成本的养护成本来维持现有的绿化成果，是效果最优的。

（2）评价标准

同建设成本指标值一样，养护成本指标值采用相对值。公式如下：

$$X_j' = \begin{cases} 1 - \dfrac{X_j - X_{\min}}{X_{\min}} & X_j < 2X_{\min} \\ 0 & X_j \geq 2X_{\min} \end{cases} \tag{7-20}$$

其取值范围为［0，1］。评价标准见表 7-15。

表 7-15　高等级公路路体绿化景观养护成本指标分级评分标准

| 评价指标 | 分级标准与赋值/分 | | | | |
|---|---|---|---|---|---|
| | Ⅰ（5） | Ⅱ（4） | Ⅲ（3） | Ⅳ（2） | Ⅴ（1） |
| 养护成本（$X'$） | $X'\geq 0.8$ | $0.8>X'\geq 0.7$ | $0.7>X'\geq 0.6$ | $0.6>X'\geq 0.5$ | $X'<0.5$ |

## 7.6　评价模型构建

评价指标的确定标准是评价指标形成后再进行综合评价。本节将会进一步阐述怎样确定高等级公路路体绿化综合评价指标权重。

可采用组合赋权法、客观赋权法和主观赋权法 3 种方法来确定指标权重。高等级公路路体绿化效果整体评价指标采取组合赋权法，以有效综合主客观赋权法的优点。高等级公路路体绿化效果整体评价指标权重是由两部分组成，一部分为价值量权重，一般采用专家咨询法、层次分析法确定的；另一部分为信息量权重，它是由具体的指标值来确定的。将它们分析出来，得出结论，可以应用在高等级公路路体绿化效果整体评价指标权重模型方面，使其更加具体、完善。

### 7.6.1 序关系分析法权重分配模型建立

设某一层次的评价指标集为 $\{X_1^0, X_2^0, \cdots, X_n^0\}$，再邀请 $n$ 位专家根据指标相对于目标重要性进行 5 分制的打分，指标越重要则相对应的打分越高。然后将指标按照 $g(x_i^0)$ 由大到小排列，$g(x_i^0)$，即 $n$ 位专家对各指标打分之和，得如下排序：

$$X_1 > X_2 > X_3 > \cdots X_{i-1} > X_i > \cdots > X_n;$$

“>”表示指标 $X_{i-1}$ 比指标 $X_i$ 重要或重要性相当，$X_i$ 则表示按序关系排序后第 $i$ 个评价指标。

在以上关系排列的基础上，邀请 n 位专家对相邻两指标 $X_{i-1}$ 与 $X_i$ 相对重要性之比进行打分，其中专家给出的评分记为 $r_i = \omega_{i-1}/\omega_i$，$r_i$ 的取值范围为［1.0，1.8］，见表 7-16。

**表 7-16　$r_i$ 赋值参照表**

| $r_i$ 赋值 | 重要性说明 |
| --- | --- |
| 1.0 | 指标 $X_{i-1}$ 与指标 $X_i$ 同等重要 |
| 1.2 | 指标 $X_{i-1}$ 比指标 $X_i$ 稍微重要 |
| 1.4 | 指标 $X_{i-1}$ 比指标 $X_i$ 明显重要 |
| 1.6 | 指标 $X_{i-1}$ 比指标 $X_i$ 强烈重要 |
| 1.8 | 指标 $X_{i-1}$ 比指标 $X_i$ 极端重要 |

参考相关研究文献可以得出如下计算公式：

$$w_m = \left(1 + \sum_{k=2}^{m} \prod_{i=k}^{m} r_i\right)^{-1} \tag{7-21}$$

式中：$r_i = w_{i-1}/w_i$，$i = 2, 3, \cdots, m-1$。

推导出权重 $\omega_i$ 的计算模型如下：

$$w_i = w_m \prod_{k=i+1}^{m} r_k \tag{7-22}$$

式中：$i=1, 2, \cdots, m-2, m-1$。

### 7.6.2　基于主客观赋权法的组合权重修正模型

主客观相结合的权重分配模型的建立，是通过序关系分析法权重分配模型来确定高等级公路路体绿化效果综合评价指标价值量权重，是汇总实地调查，驾驶员乘客调查、专家调查、建设资料调查等数据，来建立此分配模型。指标量化值 $x_{\mathrm{i}}$ 是通过整理、审查、处理后才得到；再使用指标调查值信息的研究方法，来获取指标值与中值的偏差 $x_{\mathrm{i}}'$，如下式所示。

$$x_i' = | 0.5 - x_i |$$

确定各指标信息量权重 $\omega_i'$：

$$\omega_i' = \begin{cases} 0 & x_i' \leqslant A \\ \omega_b \dfrac{x_i'}{\sum_{i=1}^{m} x_i'} & x_i' > A \end{cases} \tag{7-23}$$

式中：$\omega_b$——相对权重分配上限，$\omega_b$ 取值范围为 20%~50%；

$A$——阈值，$A$ 的取值范围在 0.2~0.4。

计算指标价值量权重和：

$$\omega_a = 1 - \sum_{i=1}^{m} \omega_i' \tag{7-24}$$

计算各指标价值量权重：

$$\omega_i'' = \omega_{\mathrm{a}} \omega_i^* \tag{7-25}$$

式中：$\omega_{\mathrm{i}}^*$ 由序关系分析法权重分配模型 $w_m^* = (1 + \sum_{k=2}^{m} \prod_{i=k}^{m} r_i)^{-1}$，$w_i^* = w_m \prod_{k=i+1}^{m} r_k$ 确定。

确定各指标最终权重：

$$\omega_i = \omega_i' + \omega_i'' \tag{7-26}$$

综合以上联立式消去中间变量，可得指标可变权重计算模型：

$$\omega_i = \begin{cases} \left(1 - \sum_{i=1}^{m} \omega_i'\right) \omega_i^* & 0.5 - A \leqslant x_i \leqslant 0.5 + A \\ \left(1 - \sum_{i=1}^{m} \omega_i'\right) \omega_i^* + \omega_b D_i & x_i < 0.5 + A \text{ 或 } x_i > 0.5 + A \end{cases}$$

(7-27)

式中，$\omega_i' = \begin{cases} 0 & 0.5 - A \leqslant x_i \leqslant 0.5 + A \\ \omega_b D_i & x_i < 0.5 + A \text{ 或 } x_i > 0.5 + A \end{cases}$

$$D_i = \frac{|0.5 - x_i|}{\sum_{i=1}^{m} |0.5 - x_i|}$$

## 7.7 整体评价方法

根据高等级公路路体绿化的特点，采用基于 AHP 的景观整体评价指数法进行评价。在具体评价中，对每一类指标根据各自方法原则及标准分别进行评价赋值，并将指标值进行标准化、归一化处理得到量化值；按照高等级公路路体绿化效果整体评价权重分配模型计算获得相应权重，采用整体评价指数法获得评价指数结果。最终按照评价分级标准确定评价等级。

### 7.7.1 整体评价模型的建立

建立高等级公路路体绿化效果整体评价层次分析模型，如图 7-4。

### 7.7.2 指标值数据标准化

各个评价指标，由于在衡量尺度、取值标准上有所不同，而无法得到一个总体上评价高速路绿化的指标。因此将这些指标转化成统一的尺度，成为标准化。

对 $R'$进行数据标准化计算得到 $R$，其中，$r_{ij} \in [0, 1]$ 如下式所示：

$$R = (r_{ij}) m \times n \tag{7-28}$$

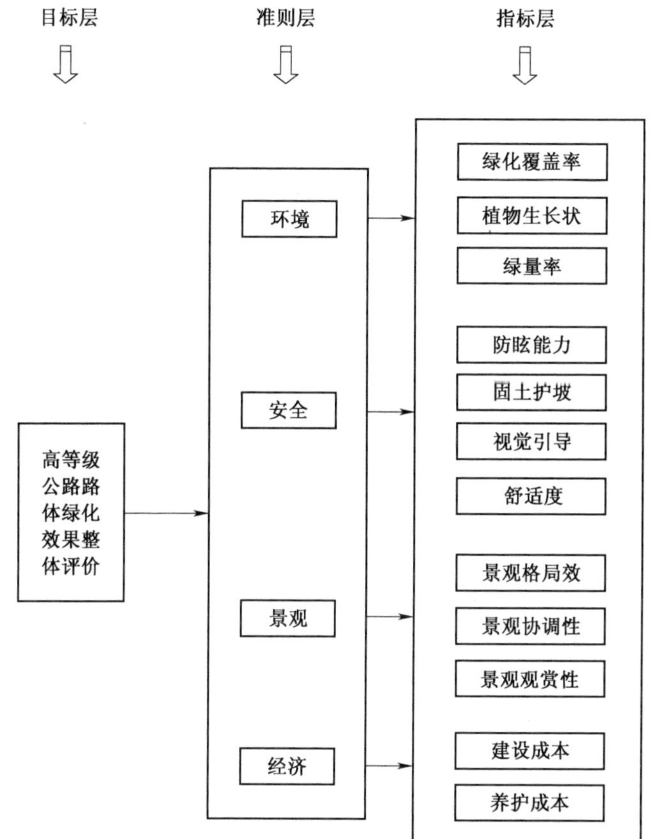


**图 7-4　高等级公路路体绿化效果整体评价层次分析模型**

具体的标准化方法如下式所示。

在指标为正时，其数据越大越好，表示的标准化公式如下：

$$r_{ij} = \frac{r'_{ij} - \min_{r'_{ij}}}{\max_{r'_{ij}} - \min_{r'_{ij}}} \tag{7-29}$$

当指标为逆指标，其数据越小越佳，表示的标准化公式如下：

$$r_{ij} = \frac{\max_{r'_{ij}} - r'_{ij}}{\max_{r'_{ij}} - \min_{r'_{ij}}} \tag{7-30}$$

当指标为适度性指标，其数据越接近 $r_1$ 越佳，表示的标准化公式如下：

$$r_{ij} = 1 - \frac{|r'_{ij} - r_1|}{\max|r'_{ij} - r_1|} \tag{7-31}$$

### 7.7.3 整体评价指数分级

通过上述方法得到某段高等级公路路体绿化效果整体评价指数，进行百分制换算并进行评价分级。本研究的分级标准，见表 7-17。

**表 7-17 高等级公路路体绿化效果整体评价分级标准**

| 整体评价得分（$X$） | $X \geqslant 90$ | $90>X \geqslant 70$ | $70>X \geqslant 60$ | $60>X \geqslant 50$ | $X<50$ |
| --- | --- | --- | --- | --- | --- |
| 评价等级 | 优 | 良 | 一般 | 较差 | 差 |

## 7.8 高等级公路路体绿化整体效果实证评价

本章以京石高速北京段、京石高速河北段、石安高速和廊涿高速为例，阐述高等级公路路体绿化效果整体评价模型及方法在实际工程中的应用。

### 7.8.1 研究路段概况

#### 7.8.1.1 京石高速北京段概况

京石高速公路北京段在中国公路建设史上占有重要的地位，有“中国公路建设的新起点”之称。建设时期由 1986 年 4 月至 1993 年 11 月，以六里桥为起点，房山琉璃河为终点，全长 45.6km，整个工程耗资 10 亿元。北京五环路以内的高速公路限制时速为 80～90km，其余路段限速 120km。

本路段景观设计风格是结合沿途乡村景观，以此为蓝本，与原有绿地相统一，突出“田园、生态、回归自然”的理念，要建设一条乡村生态景观大道。中央分隔带宽度 10m 左右，大于 8m，绿化种植可以不考虑防眩，多以草坪为主。

京石高速公路北京段植物配置较丰富，形成多层次的景观，有着较高的生态效益。主要绿化植物有：金枝槐（*Aureus locustae*）、金叶国槐（*Sophora japonica*）、金叶刺槐（*Robina pseudoacacia*）、元宝枫

(*Acer truncatum*)、红叶臭椿 (*Ailanthus altissima* var. *altissima*)、栓皮栎 (*Quercus variabilis*)、梓树 (*Catalpa ovata*)、云杉 (*Picea asperata*)、油松、白皮松、红瑞木、紫叶李、紫叶矮樱 (*Prunus × cistena*)、紫叶桃 (*Prunus persica* f. *atropurpurea schneid*)、中国黄栌 (*Cotinus coggygria*)、美国红栌 (*Cotinus coggygria* var. *cinerea*)、美国紫栌 (*Cotinus coggygria* var. *purpurens*)，棣棠 (*Kerria japonica* (L.) DC)、木槿、金银木、金叶莸 (*Caryopteris × clandonensis* 'Worcester Gold')、金山绣线菊 (*Spiraea japonica*)、马蔺、沙地柏、地锦、胡枝子等。

#### 7.8.1.2　京石高速河北段概况

京石高速河北段公路起于涿州码头镇，止于石家庄市南高营村，1994 年全面完工。该路段的限制时速为 80~100km/h，双向四车道，全长 224km，贯穿河北省 9 个县市，59 个乡镇。是河北周边各省进京的交通咽喉之一，是河北省乃至全国最重要的一条“政治路”“经济路”“形象路”，被人民群众形象地誉为“一条金线，一串明珠”。京石高速的安全畅通对社会发展活动和公众出行有着非常重要的意义。

京石高速公路河北段内侧营造 30~50m 永久性绿化带，两侧将形成一道绿色走廊。两侧绿化标准很高，树种配置以乔木为主，针阔混交、乔灌、花结合，外缘以高大乔木为主，中间有亚乔木针阔观赏树种，内侧有花灌组团。树种的苗木规格都在 5~7cm 以上，常绿树高度也达 3m 以上，银杏、元宝枫等春夏秋三季开花的花灌木，再点缀侧柏、圆柏等常绿树，从低到高，形成错落有致的生态景观效果，完成绿化面积 1136.3hm$^2$。中央隔离带绿化以常绿树为基调，适当配植花卉、花灌木。绿化中常选用的常青树是高速公路绿化的最佳之选，原因是常青树树形优美，而且生长缓慢耐修剪，适应性强。而搭配的花灌木则常选用观叶、观枝类，如红瑞木、金叶女贞、红叶小檗等，花期较为集中，生长期内能够与基调树种形成强烈的对比，绿化效果较长久。

#### 7.8.1.3　石安高速河北段概况

石安高速河北段是河北省重点投资工程，是国内向世界银行贷款额度最大的公路建设项目之一，是国家“两纵两横”国道主干线公路的一个重要路段。该路段起点和终点分别在石家庄市南高营和临漳县芝村，建设标准按照丘陵高速公路实施，于 1994 年 8 月开始施工，历时三年全面竣工，总投资 46.452 亿元，全长 216.05km。

石安高速公路为双向四车道，全路线按大段的植物配比不同分成 22 个绿化标段，绿化区域被划分成大小不等的 7 条绿化带。其中中央分隔带宽 2m，两侧边坡宽度 1~10m 不等，坡度为 1°~1.5°，两侧护坡宽度 3~6m 不等，边沟外平台宽度 2~6m 不等。每种绿化带的绿化形式都各不相同，其中中央隔离带以草皮、观赏花木、常绿树作搭配；边沟外平台以分段的形式间隔种植花灌木，因为花灌木具有较好的观赏性，冠幅大、花期长，有一定的密闭性；边坡和护坡的位置主要选取能够固土护坡的树种，具有较强的根系，防止坡面被冲刷。

为达到四季常青、三季有花、两季见果的目标，石安高速公路绿化选用多种植物相互搭配的方式，使绿化模式丰富多变，并同时满足不同的绿化需求，主要品种有 80 多个。

#### 7.8.1.4 廊涿高速概况

廊涿高速公路为涿密高速公路的一部分，西起涿州南 8km 处的松林店，东至廊坊市的旧州，路线全长 58.4km，为双向四车道高速公路，设计速度 120km/h。从 2005 年 8 月开工，于 2008 年 7 月完工，历时近三年。连接区域内的京石、大广、京津塘等高速公路，对形成快速高效的高速公路网络，促进沿线地区经济发展，对京津冀一体化经济圈的形成具有重要意义。

廊涿高速公路穿越廊坊、固安、涿州，地处京畿，人文荟萃，有着深厚的文化积累。综合这些因素，廊涿高速公路将景观设计的目标确定为“多彩廊涿，文化之旅”。景观设计使公路建设与沿线人文、自然环境相和谐。路体绿化由景观林带和防护林带组成，共完成造林 15523 亩，植树 62.88 万株，实行高标准绿化。绿化的总体原则是全盘考虑，统一规划，协调一致；保护自然，维护生态环境，适地适树，依靠科学，讲求园林艺术效果；严格遵守交通线路的特殊要求，保障行车安全；充分利用当地植物，实现路域植被快速、立体化恢复。廊涿高速景观带绿化工程实施方案基本体现了大规模、大色块、粗线条的绿化风格，实现了每千米一个树种变化。

中央分隔带一般以常绿灌木为主，有时配合落叶花灌木的自由式设计，地表一般用矮草覆盖。路侧采用紫穗槐、紫荆、毛白杨、垂柳、国槐、火炬树等乔灌组合的绿化方式，以适应高速公路动态条件下的观赏效果。路基边坡植草，不仅给人在视觉上舒服的感受，同时也可保护路基稳定，防止雨水冲刷，对固土护坡起着重要作用。具体施工方法是在路堑、路堤土质坡处可直接植草，在风化石质边坡横向挖沟种草或开掘鱼鳞坑种植小灌木、攀缘植物和悬垂绿化植物等。

### 7.8.2 数据获取

#### 7.8.2.1 评价指标值的获取方法

高等级公路路体绿化效果整体评价指标值的获取主要依赖于调查过程中的大量实际数据资料。主要有现场调研数据及图像、专家评分和调查问卷等方法。

（1）现场调研数据及图像：对路段进行实地调查，包括路体绿化的位置、面积、绿化种类、生长状况等，进行详细的文字照片记录，整理后制成调查情况表，并进行整合归纳。

（2）专家评分：某些定性指标无法在调查过程中直接获取，可以采取专家评分的方法，以调查过程中拍摄的照片为依据，全面评估。例如景观协调度、植物配置合理性等指标。

（3）调查问卷：对所调研的公路路段的司乘人员、管理者、建设者发放调查问卷，注重广泛的参与性，将被调查的对象就功能性和社会性评价方面的指标赋予指标值。由于问卷的被发放者都是调研的直接参与人员，因此他们评分说服力更高。

本文通过现场调查与原位监测来获取最初的数据，不同的指标选取不同的测定方法和形式。某些定量指标如植物盖度、乡土植物比例等采用样地群落调查的方法，坡面指标来源于对边坡绿化工程的监测数据，物种丰富度利用香农-威纳指数；定性指标的数据则较多来源于专家打分和问卷调查的形式，例如季相、绿期、形态观赏性、空间层次和公众认同度、安全感等指标。

#### 7.8.2.2 植被调查

本研究对 4 条公路进行植被调查时采用均匀分布与典型样地相结

合的调查方法，具体步骤如下：①样方的设置。在有隔离带的路段两侧边坡各设置 10 m×10m 大小的样方若干，中间隔离带设备长 10m 样方；在无隔离带的路段两侧边坡各设备 10m×10m 大小的样方若干。在每个大样方内另外设置 2~3 个小样方来调查草本植被，样方规格为 1m×1m。②植物群落的调查。乔木记录种类、数量、胸径，灌木记录种类、盖度、高度，草本记录种类、数量、高度。③将每个样方的地面裸露程度、植物枯萎、生长不良的比率等详细记录，并测量样方所在区域的两侧绿化带的宽度。

在调查林草覆盖度时选择抽样和测量相结合的方法，先选择能够代表整体水平的地块，现场测量，计算总盖度，进而计算出林草覆盖度，步骤如下。

（1）树冠投影法计算林地郁闭度：选择标准地后将乔木的位置利用画方格的方法找出，然后借助罗盘和皮尺测定出树冠在各个方向的投影长度，再将这些数据按照比例还原到方格纸上，并求出林冠投影的面积占所选择标准地面积的百分比，即为林地郁闭度。

（2）线段法计算灌木盖度：在样方内的灌木丛的上部拉一条测绳，并测量出灌木丛垂直落在测绳上的投影长度，并求出该长度在样方总长度中所占的比例，就是灌木盖度。在不同的位置重复三次测量并取平均值，即为样方内的灌木盖度。

（3）针刺法计算草地盖度：首先在样方内设定面积为 2m×2m 大小的小样方，在测绳上每 20cm 处插上一根细针，依次将小样方分割成 20cm×20cm 的方块由上而下垂直插入草皮，将每个针与草皮相接触的点记作 1，不接触的点记作 0，则草皮盖度就是接触点数占细针总数的百分比。在不同的位置重复三次测量并取平均值，即为样方内草地的盖度。

（4）林地内郁闭度或灌草地的盖度计算公式

$$D = fd/fe \tag{7-32}$$

式中：$D$——林地的郁闭度（或草地的盖度）（%）；

$fd$——样方面积（$m^2$）。

$fe$——样方内树冠（或草冠）的垂直投影面积（$m^2$）；

（5）以下为项目建设区内各个类型区场地内林草植被覆盖度的

计算公式：

$$C = f/F \tag{7-33}$$

式中：$C$——林木（或灌草）植被的覆盖度（%）；

$f$——类型区内林地（或灌草地）的垂直投影面积（$km^2$）；

$F$——类型区总面积（$km^2$）。

### 7.8.2.3　水土流失监测

不同种类的水土流失采取不同的方式来观测。例如，由于公路建设施工引起水土流失，主要通过收集资料来获得数据；而边坡坡面的水土流失则应采取简易水土流失观测场法。具体操作为：将 5m×20m 的样方内垂直坡面钉入 20 支钢钎（长约 50~100cm），将样方均匀分成 1 m×5m 的小样方 20 个，使坡面和钉帽保持平行，再进行涂漆和编号（图 7-5）。

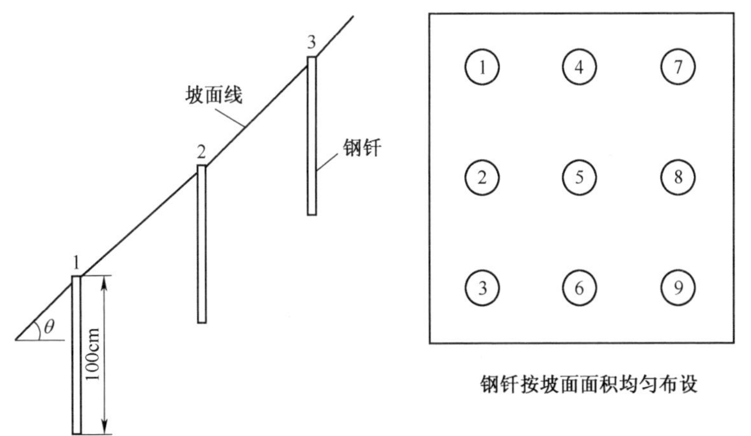


**图 7-5　水土流失简易观测场示意图**

土壤侵蚀情况和水土流失数量的计算，主要依靠在后期的观测中详细记录暴雨和汛期结束后钉帽与地面高度变化，以下为具体计算方式：

$$A = ZS/1000\cos\theta \tag{7-34}$$

式中：$A$——土壤侵蚀数量（$m^3$）；

$S$——水平投影面积（$m^2$）；

$\theta$——斜坡坡度；

$Z$——侵蚀厚度（mm）。

可根据土壤侵蚀模数、水土流失时段和水土流失面积指标来计算土壤流失量，属于经验公式的范畴，公式如下：

$$W = \sum_{i=1}^{n} \sum_{k=1}^{3} F_i \times M_{ik} \times T_{ik} \tag{7-35}$$

$$\Delta W = \sum_{i=1}^{n} \sum_{k=1}^{3} F_i \times \Delta M_{ik} \times T_{ik} \tag{7-36}$$

$$\Delta W_{ik} = \frac{(M_{ik} - M_{io}) + |M_{ik} - M_{io}|}{2} \tag{7-37}$$

式中：$W$——扰动地表土壤流失量（t）；

$\Delta M_{ik}$——不同预测单元各时段新增土壤侵蚀模数〔t/(km$^2$ · a)〕；

$\Delta W$——扰动地表新增土壤流失量（t）；

$M_{ik}$——扰动后不同预测单元不同时段的土壤侵蚀模数〔t/(km$^2$ · a)〕；

$T_{ik}$——预测时段（扰动时段）（a）；

$M_{iO}$——扰动前不同预测单元土壤侵蚀模数〔t/(km$^2$ · a)〕；

$i$——预测单元（1，2，3，……$n$）；

$k$——预测时段，1 对应指施工准备期、2 对应施工期、3 对应自然恢复期；

$F_i$——第 $i$ 个预测单元的面积（km$^2$）。

#### 7.8.2.4 绿量率评价指标值的获得

在研究公路路体绿化绿地上每 5km 设长 100 米的样地，各个样地选取代表性的点 30～40 个，在各个样点利用鱼眼数码相机获取植被观测的球形图像，利用 GPS 记录下各个样点的海拔和经纬度，利用 WinSCANOPY 2003 a 软件处理数据得到每个样点的叶面积指数，将这 30～40 个样点平均得到这块样地的叶面积指数。平均所有样地的叶面积指数即为整个研究路段的绿量率。

#### 7.8.2.5 调查问卷设计与问卷调查

采用经过信度和效度检验的指标编制“高等级公路路体绿化效

果整体评价调查问卷”，并展开调查。在研究路段，随机发放调查问卷 120 份，共收回有效调查问卷 117 份。调查问卷的 Cronbach 系数为 0.893，大于 0.700，符合信度要求。

### 7.8.3 数据处理

原始数据采集整理完成后，按指标分级标准对定量指标赋值，测度转化后完成无量纲处理。所有的数据分析及图表利用 Excel 及 SPSS16.0 进行处理。

对 4 段研究公路路体绿化效果整体评价指标值进行标准化，其结果见表 7-18。

表 7-18　研究路段路体绿化效果整体评价指标值标准化结果

| 序号 | 指标名称 | 指标值Ⅰ（京石高速北京段） | 指标值Ⅱ（京石高速河北段） | 指标值Ⅲ（石安高速） | 指标值Ⅳ（廊涿高速） |
|---|---|---|---|---|---|
| 1 | 绿化覆盖率 | 4.67 | 4.12 | 4.32 | 4.43 |
| 2 | 植物生长状况 | 4.35 | 3.89 | 4.10 | 4.29 |
| 3 | 绿量率 | 4.22 | 3.41 | 3.67 | 4.19 |
| 4 | 防眩能力 | 5.00 | 3.66 | 3.83 | 4.31 |
| 5 | 固土护坡 | 4.81 | 4.23 | 4.10 | 4.36 |
| 6 | 视觉引导 | 4.45 | 3.81 | 3.76 | 4.15 |
| 7 | 舒适度 | 4.68 | 4.05 | 3.97 | 4.54 |
| 8 | 景观格局 | 4.53 | 3.98 | 4.01 | 4.37 |
| 9 | 景观协调性 | 4.33 | 3.77 | 3.99 | 4.25 |
| 10 | 景观观赏度 | 4.59 | 3.86 | 4.28 | 4.42 |
| 11 | 建设成本 | 3.35 | 4.21 | 5.00 | 3.37 |
| 12 | 养护成本 | 3.45 | 4.14 | 5.00 | 3.89 |

### 7.8.4 权重分配

根据以上章节组合权重模型，确定高等级公路路体绿化效果整体评价指标体系权重分配。计算获得高等级公路路体绿化效果整体评价指标体系各层次单排序，再经过层次总排序，最后确定高等级公路路体绿化效果整体评价指标体系权重分配，分别见表 7-19 至表 7-24。

表 7-19　高等级公路路体绿化效果整体评价环境准则层（$B_1$）指标权重分配

| 序号 | 指标名称 | 权重（$W$） |
|---|---|---|
| $C_{11}$ | 绿化覆盖率 | 0.259 |
| $C_{12}$ | 植物生长状况 | 0.398 |
| $C_{13}$ | 绿量率 | 0.343 |

表 7-20　高等级公路路体绿化效果整体评价安全准则层（$B_2$）指标权重分配

| 序号 | 指标名称 | 权重（$W$） |
|---|---|---|
| $C_{21}$ | 防眩能力 | 0.323 |
| $C_{22}$ | 固土护坡 | 0.387 |
| $C_{23}$ | 视觉引导 | 0.158 |
| $C_{24}$ | 舒适度 | 0.132 |

表 7-21　高等级公路路体绿化效果整体评价景观准则层（$B_3$）指标权重分配

| 序号 | 指标名称 | 权重（$W$） |
|---|---|---|
| $C_{31}$ | 景观格局 | 0.431 |
| $C_{32}$ | 景观协调性 | 0.197 |
| $C_{33}$ | 景观观赏度 | 0.372 |

表 7-22　高等级公路路体绿化效果整体评价经济准则层（$B_4$）指标权重分配

| 序号 | 指标名称 | 权重（$W$） |
|---|---|---|
| $C_{41}$ | 建设成本 | 0.462 |
| $C_{42}$ | 养护成本 | 0.538 |

表 7-23　高等级公路路体绿化效果整体评价目标层（$A$）指标权重分配

| 序号 | 指标名称 | 权重（$W$） |
|---|---|---|
| $B_1$ | 环境 | 0.299 |
| $B_2$ | 安全 | 0.376 |
| $B_3$ | 景观 | 0.212 |
| $B_4$ | 经济 | 0.113 |

**表 7-24 高等级公路路体绿化效果整体评价指标体系权重总排序**

| 目标层 $A$ | 准则层（$B$） | 权重（$W_B$） | 指标层（$C$） | 层内权重 $W_C$ | 最终权重 $Wc'$ |
|---|---|---|---|---|---|
| 高等级公路路体绿化效果（$A$） | 环境（$B_1$） | 0.299 | 绿化覆盖率（$C_{11}$） | 0.259 | 0.077 |
| | | | 植物生长状况（$C_{12}$） | 0.398 | 0.119 |
| | | | 绿量率（$C_{13}$） | 0.343 | 0.103 |
| | 安全（$B_2$） | 0.376 | 防眩能力（$C_{21}$） | 0.323 | 0.121 |
| | | | 固土护坡（$C_{22}$） | 0.387 | 0.146 |
| | | | 视觉引导（$C_{23}$） | 0.158 | 0.059 |
| | | | 舒适度（$C_{24}$） | 0.132 | 0.050 |
| | 景观（$B_3$） | 0.212 | 景观格局（$C_{31}$） | 0.431 | 0.091 |
| | | | 景观协调性（$C_{32}$） | 0.197 | 0.042 |
| | | | 景观观赏度（$C_{33}$） | 0.372 | 0.079 |
| | 经济（$B_4$） | 0.113 | 建设成本（$C_{41}$） | 0.462 | 0.052 |
| | | | 养护成本（$C_{42}$） | 0.538 | 0.061 |

## 7.8.5 评价结果

### 7.8.5.1 环境领域评价结果与分析

4 个研究路段的路体绿化效果环境领域评价结果最终得分，见表 7-25。

**表 7-25 4 个路段路体绿化效果环境领域评价指标结果最终得分**

| 指标名称 | 指标得分 | | | |
|---|---|---|---|---|
| | 指标值Ⅰ（京石高速北京段） | 指标值Ⅱ（京石高速河北段） | 指标值Ⅲ（石安高速） | 指标值Ⅳ（廊涿高速） |
| 绿化覆盖率（$C_{11}$） | 4.67 | 4.12 | 4.32 | 4.43 |
| 植物生长状况（$C_{12}$） | 4.35 | 3.89 | 4.1 | 4.29 |
| 绿量率（$C_{13}$） | 4.22 | 3.41 | 3.67 | 4.19 |
| 环境（$B_1$） | 4.388 | 3.785 | 4.009 | 4.292 |

图 7-6 为四路段路体绿化效果环境领域评价指标结果比较。

由表 7-25、图 7-6 可以看到，在 4 个研究路段内绿化覆盖率指标值得分最高的是京石高速北京段，为 4.67，得分最低的是京石高速河北段为 4.12，3 个研究路段的绿化覆盖率指标值均在第Ⅰ等级；在

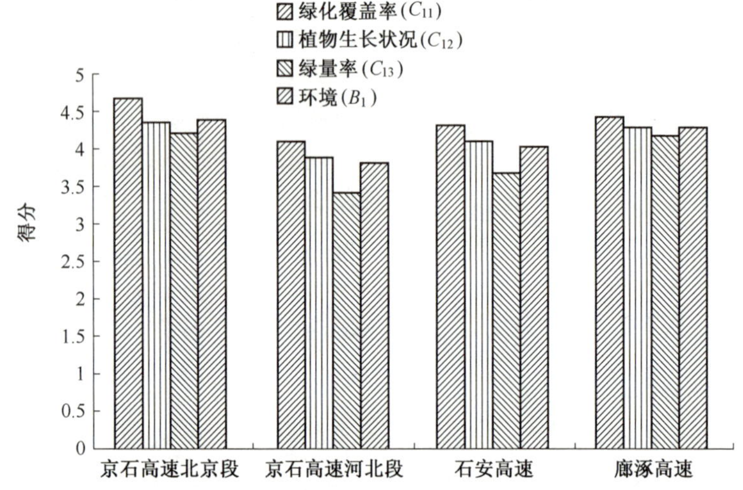


**图 7-6 4 个路段路体绿化效果环境领域评价指标结果比较**

4 个研究路段内植物生长状况指标值得分最高的是京石高速北京段，为 4. 35，得分最低的是京石高速河北段为 3. 89，4 个研究路段的植物生长状况指标值京石高速北京段、廊涿高速、石安高速在第Ⅰ等级，京石高速河北段在第Ⅱ等级；在 4 个研究路段内绿量指标值得分最高的是京石高速北京段，为 4. 22，得分最低的是京石高速河北段为 3. 41，4 个研究路段的植物生长状况指标值京石高速北京段、廊涿高速在第Ⅰ等级，石安高速在第Ⅱ等级，京石高速河北段在第Ⅲ等级。此项指标得分总体偏低。

在 4 个研究路段内经过运用本章方法计算，环境领域指标总体得分排序是京石高速北京段（4. 388）>廊涿高速（4. 292）>石安高速（4. 009）>京石高速河北段（3. 785）。4 个研究路段的环境领域指标总体得分京石高速北京段、廊涿高速、石安高速在第Ⅰ等级。京石高度河北段在第Ⅱ等级。

#### 7. 8. 5. 2 安全领域评价结果与分析

4 个研究路段的路体绿化效果安全领域评价结果最终得分，见表 7-26。图 7-7 为 4 个路段路体绿化效果安全领域评价指标结果比较。

由表 7-26、图 7-7 可以看到，在 4 个研究路段内防眩能力指标值得分最高的是京石高速北京段，因其中央分隔带宽超过 8 m，不用防眩，记为 5，得分最低的是京石高速河北段为 3.66，4 个研究路段的防眩能力指标值京石高速北京段、廊涿高速在第Ⅰ等级，京石高速河北段、石安高速均在第Ⅱ等级，防眩能力差距明显；在 4 个研究路段内固土护坡指标值得分最高的是京石高速北京段，为 4.81，得分最低的是石安高速为 4.10，4 个研究路段的固土护坡指标值均在第Ⅰ等级；在 4 个研究路段内视觉引导指标值得分最高的是京石高速北京段，为 4.45，得分最低的是石安高速为 3.76，4 个研究路段的视觉引导指标值京石高速北京段、廊涿高速在第Ⅰ等级，京石高速河北段、石安高速在第Ⅱ等级；在 4 个研究路段内舒适度指标值得分最高的是京石高速北京段，为 4.68，得分最低的是石安高速为 3.97，4 个研究路段的舒适度指标值京石高速北京段、廊涿高速、京石高速河北段在第Ⅰ等级，石安高速在第Ⅱ等级。

**表 7-26　4 个路段路体绿化效果安全领域评价指标结果最终得分**

| 指标名称 | 指标得分 | | | |
|---|---|---|---|---|
| | 指标值Ⅰ（京石高速北京段） | 指标值Ⅱ（京石高速河北段） | 指标值Ⅲ（石安高速） | 指标值Ⅳ（廊涿高速） |
| 防眩能力（$C_{21}$） | 5 | 3.66 | 3.83 | 4.31 |
| 固土护坡（$C_{22}$） | 4.81 | 4.23 | 4.10 | 4.36 |
| 视觉引导（$C_{23}$） | 4.45 | 3.81 | 3.76 | 4.15 |
| 舒适度（$C_{24}$） | 4.68 | 4.05 | 3.97 | 4.54 |
| 安全（$B_2$） | 4.797 | 3.956 | 3.942 | 4.334 |

在 4 个研究路段内经过运用本章方法计算，安全领域指标总体得分排序是京石高速北京段（4.797）>廊涿高速（4.334）>京石高速河北段（3.956）>石安高速（3.942）。4 个研究路段的安全领域指标总体得分京石高速北京段、廊涿高速在第Ⅰ等级，京石高速河北段、石安高速在第Ⅱ等级。

#### 7.8.5.3　景观领域评价结果与分析

4 个研究路段的路体绿化效果景观领域评价结果最终得分，见表 7-27。

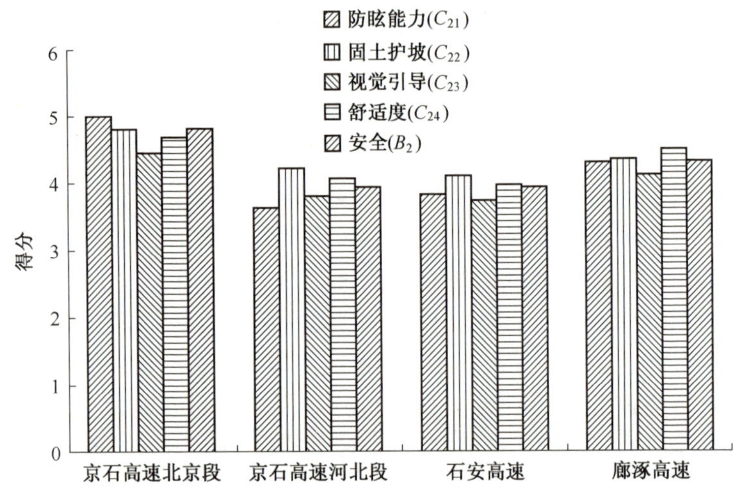


**图 7-7 4 个路段路体绿化效果安全领域评价指标结果比较**

**表 7-27 4 个路段路体绿化效果景观领域评价指标结果最终得分**

| 指标名称 | 指标得分 | | | |
|---|---|---|---|---|
| | 指标值Ⅰ(京石高速北京段) | 指标值Ⅱ(京石高速河北段) | 指标值Ⅲ(石安高速) | 指标值Ⅳ(廊涿高速) |
| 景观格局($C_{31}$) | 4.53 | 3.98 | 4.01 | 4.37 |
| 景观协调性($C_{32}$) | 4.33 | 3.77 | 3.99 | 4.25 |
| 景观观赏度($C_{33}$) | 4.59 | 3.86 | 4.28 | 4.42 |
| 景观($B_3$) | 4.513 | 3.894 | 4.107 | 4.364 |

图 7-8 为 4 个路段路体绿化效果景观领域评价指标结果比较。

由表 7-27、图 7-8 可以看到，在 4 个研究路段内景观格局指标值得分最高的是京石高速北京段，为 4.53，得分最低的是京石高速河北段为 3.98，4 个研究路段的景观格局指标值京石高速北京段、廊涿高速、石安高速在第Ⅰ等级，京石高速河北段在第Ⅱ等级；在 4 个研究路段内景观协调性指标值得分最高的是京石高速北京段，为 4.33，得分最低的是京石高速河北段，为 3.77，4 个研究路段的景观协调性指标值京石高速北京段、廊涿高速在第Ⅰ等级，京石高速河北段、石

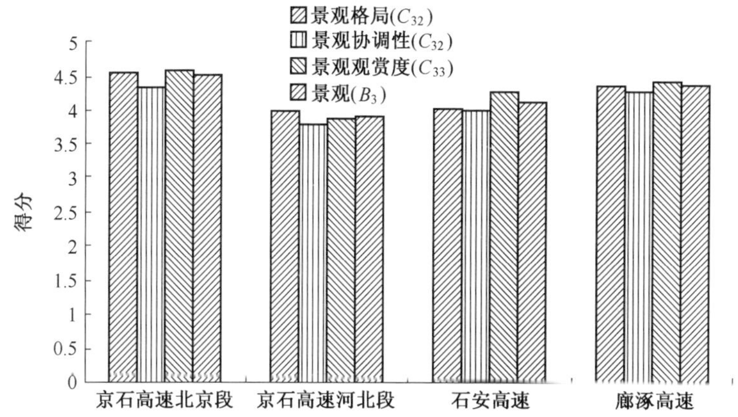


**图 7-8　4 个路段路体绿化效果景观领域评价指标结果比较**

安高速在第Ⅱ等级；在四个研究路段内景观观赏度指标值得分最高的是京石高速北京段，为 4.59，得分最低的是京石高速河北段为 3.86，3 个研究路段的景观观赏度指标值京石高速北京段、廊涿高速、石安高速在第Ⅰ等级，京石高速河北段在第Ⅱ等级。

在 4 个研究路段内经过运用本章方法计算，景观领域指标总体得分排序是京石高速北京段（4.513）>廊涿高速（4.364）>石安高速（4.107）>京石高速河北段（3.894）。4 个研究路段的景观领域指标总体得分京石高速北京段、廊涿高速、石安高速在第Ⅰ等级，京石高速河北段在第Ⅱ等级。

#### 7.8.5.4　经济领域评价结果与分析

4 个研究路段的路体绿化效果经济领域评价结果最终得分，见表 7-28。

**表 7-28　4 个路段路体绿化效果经济领域评价指标结果最终得分**

| 指标名称 | 指标得分 | | | |
|---|---|---|---|---|
| | 指标值Ⅰ（京石高速北京段） | 指标值Ⅱ（京石高速河北段） | 指标值Ⅲ（石安高速） | 指标值Ⅳ（廊涿高速） |
| 建设成本（$C_{41}$） | 3.35 | 4.21 | 5 | 3.37 |
| 养护成本（$C_{42}$） | 3.45 | 4.14 | 5 | 3.89 |
| 经济（$B_4$） | 3.404 | 4.172 | 5.000 | 3.649 |

图 7-9 为 4 个路段路体绿化效果经济领域评价指标结果比较。

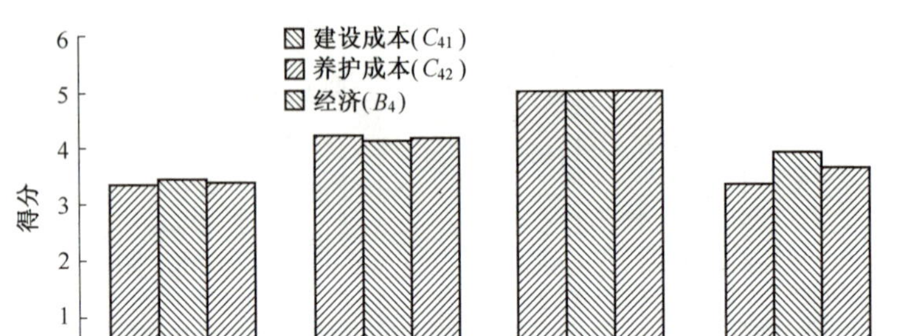


**图 7-9　4 个路段路体绿化效果经济领域评价指标结果比较**

由表 7-28、图 7-9 可以看到，在 4 个研究路段内建设成本指标值得分最高的是石安高速，为 5.00，得分最低的是京石高速北京段为 3.35，四个研究路段的建设成本指标值石安高速、京石高速河北段在第Ⅰ等级，廊涿高速、京石高速北京段在第Ⅲ等级；在四个研究路段内养护成本指标值得分最高的是石安高速，为 5.00，得分最低的是京石高速北京段，为 3.45，4 个研究路段的养护成本指标值石安高速、京石高速河北段在第Ⅰ等级，廊涿高速在第Ⅱ等级，京石高速北京段在第Ⅲ等级。

在 4 个研究路段内经过运用本章方法计算，经济领域指标总体得分排序是石安高速（5.000）>京石高速河北段（4.172）>廊涿高速（3.649）>京石高速北京段（3.404）。4 个研究路段的经济领域指标总体得分石安高速、京石高速河北段在第Ⅰ等级，廊涿高速在第Ⅱ等级，京石高速北京段在第Ⅲ等级。

### 7.8.5.5　整体评价结果与分析

4 个研究路段的路体绿化效果综合指数评价结果最终得分，见表 7-29。

根据本章整体评价指数分级标准，4 个路段路体效果综合等级评价结果，见表 7-30。

表 7-29 4 个路段路体绿化效果综合指数评价最终得分

| 指标名称 | 指标得分 | | | |
|---|---|---|---|---|
| | 指标值Ⅰ（京石高速北京段） | 指标值Ⅱ（京石高速河北段） | 指标值Ⅲ（石安高速） | 指标值Ⅳ（廊涿高速） |
| 环境（$B_1$） | 4.772 | 4.095 | 4.343 | 4.292 |
| 安全（$B_2$） | 4.797 | 3.956 | 3.942 | 4.334 |
| 景观（$B_3$） | 4.513 | 3.894 | 4.107 | 4.365 |
| 经济（$B_4$） | 3.404 | 4.172 | 5.000 | 3.649 |
| 整体评价（$A$） | 4.636 | 4.001 | 4.169 | 4.279 |

表 7-30 4 个路段路体效果综合等级评价结果

| 研究路段 | 京石高速北京段 | 京石高速河北段 | 石安高速 | 廊涿高速 |
|---|---|---|---|---|
| 整体评价得分（$X$） | 92.72 | 80.02 | 83.37 | 85.58 |
| 评价等级 | 优 | 良 | 良 | 良 |

由表 7-29、7-30 可知，在 4 个研究路段内经过运用本章方法计算，路体绿化效果综合指数评价得分排序是京石高速北京段（4.636）>廊涿高速（4.279）>石安高速（4.169）>京石高速河北段（4.001）。四路段路体绿化效果综合等级评价结果排序是京石高速北京段（92.72）>廊涿高速（85.58）>石安高速（83.37）>京石高速河北段（80.02）。京石高速北京段综合等级为优，其他三个路段综合等级均为良，但京石高速河北段、石安高速路体绿化在路体绿化效果与京石高速北京段存在明显的差距，尤其京石高速河北段尚需进一步改造提高。廊涿高速虽然表现为良，但经济成本较高。

# 附　表

| 植物种类 | 拉丁文学名 | 植物种类 | 拉丁文学名 |
| --- | --- | --- | --- |
| 金枝槐 | *Aureus locustae* | 金叶莸 | *Caryopteris clandonensis* |
| 金叶国槐 | *Sophora japonica* | 金山绣线菊 | *Spiraea japonica* |
| 金叶刺槐 | *Robina pseudoacacia* | 马蔺 | *Iris lactea* var. *chinensis* |
| 元宝枫 | *Acer truncatum* | 沙地柏 | *Sabina vulgaris* |
| 红叶臭椿 | *Ailanthus altissima* var. *altissima* | 地锦（爬山虎） | *Parthenocisus tricuspidata* |
| 栓皮栎 | *Quercus variabilis* | 胡枝子 | *Lespedeza bicolor* |
| 梓树 | *Catalpa ovata* | 毛白杨 | *Populus tomentosa* |
| 云杉 | *Picea asperata* | 侧柏 | *Platycladus orientalis* |
| 白皮松 | *Pinus bungeana* | 紫薇 | *Lagerstroemia indica* |
| 红瑞木 | *Swida alba* | 丰花月季 | *Rosa hybrida* |
| 紫叶李 | *Prunus cerasifera* | 圆柏 | *Sabina chinensis* |
| 紫叶矮樱 | *Prunus×cistena* | 野牛草 | *Buchloe dactyloides* |
| 紫叶桃 | *Prunus persica ´Atropurpurea´* | 紫穗槐 | *Amorpha fruticosa* |
| 中国黄栌 | *Cotinus coggygria* | 扶芳藤 | *Euonymus fortunei* |
| 美国红栌 | *Cotinus coggygria* var. *cinerea* | 天堂草 | *Cynodon dactylon*<br>*C. transadlensis ‘Tifdwarf’* |
| 美国紫栌 | *Cotinus coggygria* var. *purpurens* | 紫羊茅 | *Festuca rubra* |
| 棣棠 | *Kerria japonica* . | 小冠花 | *Coronilla varia* |
| 金银木 | *Lonicera maackii* | 秋海棠 | *Begonia grandis* |
| 油松 | *Pinus tabulaeformis* | 二月兰 | *Orychophragmus violaceus* |
| 雪松 | *Cedrus deodara* | 彩叶草 | *Coleus scutellarioides* |
| 银杏 | *Ginkgo biloba* | 荷兰菊 | *Aster novi-belgii* |
| 槐 | *Sophora japonica* | 黑心菊 | *Rudbeckia hirta* |
| 刺槐 | *Robinia pseudoacacia* | 蜀葵 | *Althaea rosea* |
| 白蜡 | *Fraxinus chinensis* | 垂盆草 | *Sedum sarmentosum* |

（续）

| 植物种类 | 拉丁文学名 | 植物种类 | 拉丁文学名 |
|---|---|---|---|
| 栾树 | *Koelreuteria paniculata* | 大丽花 | *Dahlia pinnata* |
| 旱柳 | *Salix matsudana* | 玉簪 | *Hosta plantaginea* |
| 绦柳 | *Salix matsudanavar. matsudana* f. *pendula* | 高羊茅 | *Festuca elata* |
| 馒头柳 | *Salix matsudanavar. matsudana* f. *umbraculifera* | 早熟禾 | *Poa annua* |
| 法桐 | *Platanus orientalis* | 黑麦草 | *Lolium perenne* |
| 合欢 | *Albizia julibrissin* | 土麦冬 | *Radix Liriopes* |
| 杜仲 | *Eucommia ulmoides* | 结缕草 | *Zoysia japonica* |
| 构树 | *Broussonetia papyrifera* | 白三叶 | *Trrifolium repens* |
| 火炬树 | *Rhus typhina* | 秋海棠 | *Begonia grandis* |
| 铺地柏 | *Sabinaprocumbens* | 虞美人 | *Papaver rhoeas* |
| 球桧 | *Sabina chinensis* cv. *Globosa* | 彩叶草 | *Coleus scutellarioides* |
| 碧桃 | *Amygdalus persicavar. persica* f. *duplex* | 紫叶小檗 | *Berberisthunbergiivar. atropurpurea* |
| 黄栌 | *Cotinus coggygria* | 紫荆 | *Cercis chinensis* |
| 丁香 | *Syzygium aromaticum* | 榆叶梅 | *Amygdalus triloba* |
| 连翘 | *Forsythia suspensa* | 翠菊 | *Callistephus chinensis* |
| 月季 | *Rosa chinensis* | 万寿菊 | *Tagetes erecta* |
| 多花蔷薇 | *Rosa multiflora* | 地肤 | *Kochia scoparia* |
| 玫瑰 | *Rosa rugosa* | 鸡冠花 | *Celosia cristata* |
| 黄刺玫 | *Rosa xanthina* | 雁来红 | *Phlox drummondii* |
| 大叶黄杨 | *Buxus megistophylla* | 长春花 | *Catharanthus roseus* |
| 小叶黄杨 | *Buxus sinica* var. *parvifolia* | 半枝莲 | *Scutellaria barbata* |
| 金叶女贞 | *Ligustrum vicaryi* | 一串红 | *Salvia splendens* |
| 木槿 | *Hibiscus syriacus* | 矮牵牛 | *Petunia hybrida* |
| 蔷薇 | *Rosa multiflora* | 三色堇 | *Viola tricolor* |
| 紫藤 | *Wisteria sinensis* | 五叶地锦 | *Parthenocissus quinquefolia* |
| 盐角草 | *Salicornia europaea* | 紫羊茅 | *Festuca rubra* |

（续）

| 植物种类 | 拉丁文学名 | 植物种类 | 拉丁文学名 |
|---|---|---|---|
| 酸枣 | *Ziziphus jujubavar. spinosa* | 扶芳藤 | *Euonymus fortunei* |
| 小冠花 | *Coronilla varia* | 华北落叶松 | *Larix principis-rupprechtii* |
| 苦楝 | *Melia azedarach* | 榆树 | *Ulmus pumila* |
| 锦鸡儿 | *Caragana sinica* | 柽柳 | *Tamarix chinensis* |
| 胡枝子 | *Lespedeza bicolor* | 翅碱蓬 | *Suaeda salsa* |

# 参考文献


[1] 汉斯·洛伦茨．公路线形与环境设计［M］. 北京：人民交通出版社，1986.

[2] 蔡飞．黄山北坡常绿阔叶林的特征分析［J］. 植物学报，1993，35（10）：799-806.

[3] 蔡建芬，王峥，刘松．宁杭高速公路太湖服务区设计［J］. 公路，2005，(3)：156-157.

[4] 蔡志洲．中国公路景观文化及实例［J］. 中国园林，2004，4：42-44.

[5] 曹克平．日本高速公路的养管工作［J］. 国外公路，1997，17（6）：5-9.

[6] 陈芳清，王祥荣．从植物群落学的角度看生态园林建设——以宝钢为例［J］. 中国园林，2000，(5)：35-36.

[7] 陈浮．城市人居环境与满意度评价研究［J］. 城市规划，2000，24（7）：15-28.

[8] 陈济丁．昆曲高速公路绿化实践和思考［J］. 云南交通科技，1998，14（2）：23-25.

[9] 陈竞飞．高速公路景观综合设计探讨［J］. 广东交通职业技术学院学报，2005，3（4）：49-51.

[10] 陈小庭，黄小清．高速公路绿化形式与立地条件的和谐统一［J］. 公路，2005，8：360-363.

[11] 陈怡，寇继海．高速公路服务区人居环境质量提高对策［J］. 东北公路，1998，21（1）：10-13.

[12] 陈雨人，王晓明，顾丁奕．眼球追踪技术在高速公路景观敏感区研究中的应用［J］. 公路交通科技，2006，23（9）：150.

[13] 陈有民．园林树木学［M］. 北京：中国林业出版社，1988.

[14] 陈植．园冶注释［M］. 中国建筑工业出版社，1988.

[15] 陈自新，苏雪痕，刘少宗，等．北京城市园林绿化生态效益的研究［J］. 中国园林，1998，14（1）：1.

[16] 程瑞梅，肖文发．宝天曼地区栎群落学特征研究［J］. 林业科学，2000，36（4）：21-25.

[17] 迟景波，李路文，李斌，等．园林绿化中大树移植有关问题的讨论与建议［J］. 山东林业科技，2003，4：32.

[18] 储亦婷，杨学军，唐东芹．从群落生活型结构探讨近自然植物景观设计［J］. 上海交通大学学报（农业科学版），2004，22（2）：176-180.

[19] 崔崧，赵昀，金汇军，等. 高速公路两翼景观评价方法初探［J］. 辽宁林业科技，2001，（2）：40-41.

[20] 崔田田．山区高等级公路路侧绿化景观安全评价及合理构建模式研究［D］. 长沙：中南大学，2011.

[21] 崔铁．公路生态环境影响后评价指标体系研究［J］. 环境，2008，11：98-99.

[22] 邓辅唐，晏雨鸿，孙佩石，等. 速公路边坡三种植被恢复模式的生态效果评估［J］. 中国水土保持，2007（4）：40-42

[23] 董雅文．城市生态的氧平衡研究［J］．城市环境与城市生态，1995，8（1）：15-18.
[24] 董有福．基于 RS 和 GIS 的区域景观格局监测管理信息系统的研究［D］．西安：西北农林科技大学，2002.
[25] 杜春兰，毛华松．永川永铜公路环北段绿化景观规划设计研究［J］．规划师，2002，18（6）：41-44.
[26] 樊后保．福建三明格氏烤群落的结构特征［J］．福建林学院学报，1996，16（1）：14-19.
[27] 范玉洁，李纶，杨碧聪．保龙高速公路景观生态建设体系中乡土植物的选择和应用［J］．中国水土保持，2008，4：45-47.
[28] 范辉．忻州—阜平公路景观评价［D］．西安：长安大学，2006.
[29] 顾文芸．高速公路路体绿化研究［D］．南京：南京林业大学，2003.
[30] 桂玲玲．淮盐高速公路互通植物景观研究［D］．南京：南京林业大学，2008.
[31] 郭泉水，江洪，王兵，等．中国主要森林群落植物生活型谱的数量分类及空间分布格局的研究［J］．生态学报，1999，19（4）：573-577.
[32] 韩立波．高速公路服务区景观规划设计理论初探［D］．南京：南京林业大学，2003.
[33] 韩轶，高润宏，刘子龙，等．北方城市森林绿地植物群落的树种选择与配置［J］．内蒙古农业大学学报（自然科学版），2004，25（3）：9-13.
[34] 郝曰明，魏宏图．紫金山森林植被性质与常绿落叶阔叶混交林重建可能性的探讨［J］．植物生态学报，1999，3（2）：108-115.
[35] 何钢，朱季萍，吕峰．公路景观绿化设计常见误区分析［C］．第四届亚太可持续发展交通与环境技术大会论文集，2005.
[36] 何平，彭重华．城市绿地植物配置及其造景［M］．中国林业出版社，2001.
[37] 何云，李贤伟，邓月平．浅谈岩石边坡护坡植物选择［J］．四川草原，2006，4：38-42.
[38] 贺金生，陈伟烈．中国中亚热带东部常绿阔叶林主要类型的群落多样性特征［J］．植物生态学报，1998，22（4）：303-311.
[39] 洪伟，林成来，吴承祯，等．福建建溪流域常绿阔叶防护林物种多样性特征研究［J］．生物多样性，1999，7（3）：208-213.
[40] 胡安兵．宁杭高速公路（江苏段）设计理念探索［J］．公路，2005，3：6-10.
[41] 胡冬香．长永高速公路植物景观研究［D］．长沙：中南林学院，2003.
[42] 胡圣能．高速公路景观规划与设计技术研究［D］．西安：长安大学，2011.
[43] 胡运骅，陈钢．大树引入城市，加快上海绿化建设步伐［J］．中国园林，2000，16（4）：13-15.
[44] 黄宝龙．江苏森林［M］．南京：江苏科学技术出版社，1998.
[45] 黄江波，李杰，宋江平，等．基于环境心理的高速公路景观设计［J］．公路，2006，8：127-131.
[46] 黄树钦．岭南地区高速公路景观与绿化设计研究［J］．中国园林，2001，2：68-70.
[47] 黄晓鸾，张国强．城市生存环境绿色量值群的研究（1）［J］．中国园林，1998，14

(1)：61-63.
[48] 江洪．东灵山植物群落生活型谱的比较研究［J］. 植物学报，1994，36（11）：884-894.
[49] 姜鹏．宁杭高速公路（江苏段）绿化景观的植被生态学研究［D］. 南京：南京农业大学，2005.
[50] 蒋有绪，王伯荪，臧润国，等．海南岛热带林生物多样性及其形成机制［M］. 北京：科学出版社，2002.
[51] 金杰．公路绿化与环境保护［J］. 辽宁林业科技．2005，2：49-50.
[52] 孔祥金．高速公路的绿化与美化［J］. 广东公路交通，2004，1：13-17.
[53] 兰思仁．福州国家森林公园人工群落结构与物种多样性［J］. 福建林学院学报，2002，22（1）：38-41.
[54] 兰思仁．武夷山国家级自然保护区植物物种多样性研究［J］. 林业科学，2003，39（1）：36-43.
[55] 冷平生，苏淑钗．园林生态学［M］. 北京：气象出版社，2001.
[56] 李博．生态学［M］. 北京：高等教育出版社，2000.
[57] 李海峰，蔡玲．浅谈高速公路景观绿化的规划与设计［J］. 江苏交通科技，2004，4：39-41.
[58] 李红杰．公路景观审美主体与评价方法研究［D］. 广州：华南理工大学，2011.
[59] 李淑娟．帽儿山地区森林景观动态过程及景观生态评价［D］. 哈尔滨：东北林业大学，2003.
[60] 李长银．杉木人工林采伐作业可视化模拟研究［D］. 北京：中国林业科学研究院，2011.
[61] 廖文华，解建仓，王玲，等．城市化进程中区域水土资源生态风险评价研究［J］. 西安：西安理工大学学报，2013，29（2）：165-171.
[62] 廖新辉，张阳．浅谈高速公路建设对环境的影响及保护措施［J］. 广西交通科技，1999，12（6）：17-19.
[63] 林俊英，曾鼎承．自然生态的道路绿化设计—以深圳市滨海大道景观设计为例［J］. 风景园林，2008，1：70-75.
[64] 林开敏，俞新妥，黄宝龙，等．杉木人工林林下植物物种多样性的动态特征［J］. 应用与环境生物学报，2001，7（1）：13-19.
[65] 林绍华．浅谈客土喷播防护绿化施工［J］. 西部探矿工程，2006，17（12）：282-283.
[66] 林晓青．高速公路建设对生态环境的影响及防治对策［J］. 福建环境，2000，3：3-5.
[67] 林瑛．高速公路环境设计中景观与生态、文化的整合研究初探［J］. 江南大学学报（人文社会科学版），2006，5（1）：124-128.
[68] 林源祥，杨学军．模拟地带性植被类型建设高质量城市植被［J］. 中国城市林业，2005，1（2）：21-24
[69] 刘恩先，李丽，吴晓星等. GIS 技术在高速公路路域绿化管理系统中的应用［J］. 山东

林业科技，2006（3）：55-56.

[70] 刘滨谊. 风景园林三元论［J］. 中国园林，2013（11）：37-45.

[71] 刘福才，翟慧娴，薛苒，等. 城市绿地环境效益的研究［J］. 中国园林，1986，2（2）：10-11.

[72] 刘立民，刘明. 绿量—城市绿化评估的新概念［J］. 中国园林，2000，16（5）：32-34.

[73] 刘丽. 高速公路绿化植物配置研究及其实践［D］. 雅安：四川农业大学，2004.

[74] 刘世梁，杨志峰，崔保山. 道路对景观的影响及其生态风险评价——以澜沧江流域为例［J］. 生态学杂志，2005，24（8）：897-901.

[75] 刘晓杰. 高界高速公路服务区景观的生态绿化和环境建设［J］. 安徽建筑工业学院学报（自然科学版），2001，9（4）：32-35.

[76] 刘禹全，谢玉常. 浅谈园林绿化效益评价［J］. 成都建筑，2000，3：80-81.

[77] 刘瑜，张阳，程继夏. 高等级公路绿化功能及评价方法研究［J］. 西北建筑工程学院学报（自然科学版），2002，19（4）：60-62.

[78] 柳孟松. 基于三维动态模型的公路景观视觉影响评价研究［D］. 西安；长安大学，2008.

[79] 吕凤霞. 河北省高速公路绿化探索［J］. 交通世界，2007，10S：140-142.

[80] 吕迎霞.《公路通道工程绿化模式及树种选择的技术规程》国家标准制定的研究［D］. 北京：北京林业大学，2007.

[81] 马克平，黄建辉，于顺利，等. 北京东灵山地区植物群落多样性的研究II. 丰富度均匀度和物种多样性指数［J］. 生态学报，1995，15（3）：268-277.

[82] 马欣欣. 京郊公路生态绿化模式的初步研究［D］. 北京：北京林业大学，2008.

[83] 毛志滨，郝日明，姜鹏，等. 南京地区耐寒常绿阔叶树种资源调查［J］. 植物资源与环境学报，2004，13（2）：49-53.

[84] 明图章. 宁杭高速公路一期工程道路环境和景观设计的初步构想［J］. 公路，2002，6：69-71.

[85] 聂丹. 长株潭城际高速公路景观分析及植被恢复研究［D］. 湖南：中南林业科技大学，2011.

[86] 聂蓉，黄倩. 宁杭高速公路景观初步设计简介和建议［J］. 公路，2002，11：123-126.

[87] 欧阳志云，王如松. 生态系统服务功能及其生态经济价值评价［J］. 应用生态学报，1999，10（5）：635-640.

[88] 潘谷西. 江南理景艺术［M］. 南京：东南大学出版社，2001.

[89] 裴古安，杨重存. 论公路养护与环境绿化［J］. 公路交通科技，2000，17（5）：115-118.

[90] 钱国超，明图章，胡安兵，等. 用全新的理念打造宁杭高速［J］. 公路，2005，3：1-5.

[91] 任娟. 多指标面板数据融合聚类分析［J］. 数理统计与管理，2013，32（1）：57-67.

[92] 阮宏华，姜志林. 空青山次生阔叶林群落类型及物种多样性研究［J］. 南京林业大学学报：自然科学版，1998，22（3）：21-26.

[93] 宋永昌，张绅，刘金林，等．浙江泰顺县乌岩岭常绿阔叶林的群落分析［J］．植物生态学与地植物学丛刊，1982，6（1）：14-35.
[94] 宋永昌．植被生态学［M］．上海：华东师范大学出版社，2001.
[95] 苏杭，王维阳，刘治宇．欧洲五国高速公路服务区考察［J］．辽宁交通科技，2003，2：14-15.
[96] 苏金明，徐年生．高速公路景观资源的开发利用［J］．鄂州大学学报，2004（4）：64-66.
[97] 苏雪痕．植物造景［M］．北京：中国林业出版社，1994.
[98] 孙凡，李天云，黄轲，等．重庆市生态安全评价与监测预警研究——理论与指标体系［J］．西南农业大学学报（自然科学版），2005，27（6）：757-762.
[99] 孙海涛．北京市公路绿化景观功能评价体系研究［D］．北京：北京林业大学，2008.
[100]
[101] 唐东芹，杨学军，许东新．园林植物景观评价方法及其应用［J］．浙江林学院学报，2001，18（4）：394-397.
[102] 田志忠．西欧高速公路考察启示录［J］．山西交通科技，2003（1）：84-86.
[103] 童丽丽，赵九洲，赵永厚．从植物造景和生态学的角度探讨南京市民广场建设中的若干问题［J］．莱阳农学院学报，2004，20（4）：285-290.
[104] 屠苏莉，范泉兴．法国高速公路沿线的景观规划［J］．规划师，2005，20（7）：90-91.
[105] 王伯荪，彭少麟．植被生态学—群落与生态系统［M］．北京：中国环境科学出版社，1997.
[106] 王婵玥．基于 Web 的高等级公路景观评价系统研究［D］．内蒙：内蒙古农业大学，2011.
[107] 王伟，杨慧．城市道路绿地景观设计［J］．河北农业科学，2007，11（3）：59-60.
[108] 王浩，谷康．道路绿地与环境因子［J］．南京林业大学学报（自然科学版），1999，23（6）：77-81.
[109] 王浩，赵岩．在城市中创建森林生态型景观路［J］．南京林业大学学报（自然科学版），2000，24（5）：89-92.
[110] 王红．道路的环境景观评价分析［J］．重庆交通学院学报，1996，15（3）：55-64.
[111] 王继夏．南水北调中线工程水源地板凳河流域景观格局特征变化研究［D］．西安：陕西师范大学，2007.
[112] 王建军，严宝杰，陈宽民．高速公路建设项目后评价若干问题探讨［J］．长安大学学报（社会科学版），2005，7（2）：4-8.
[113] 王健．交通美学：理论与实践［M］．北京：科学技术文献出版社，1992.
[114] 王静戟．基于 3S 的区域土地生态景观格局动态监测系统研究［D］．西安：西北农林科技大学，2004.
[115] 王梅．美国的湿地保护和立法［J］．国土资源，2002，2：48-49.

[116] 王梅桐．中国亚热带常绿阔叶林的生活型的研究［J］．生态学杂志，1987，6（2）：21-23.

[117] 王清春，张向辉，张林艳，等．北京喇叭沟门自然保护区森林景观多样性研究［J］．北京林业大学学报，2002，24（3）：54-60.

[118] 王文杰．秦岭北坡南五台地区主要森林群落的结构和生态特征的初步研究［J］．植物生态学与地植物学丛刊，1965，3（2）：298-306.

[119] 王祥荣．浙江天童国家森林公园常绿阔叶林生态学特征的分析［J］．湖北大学学报（自然科学版），1993，15（3）：301-306.

[120] 王永安，王双生．公路绿地系统的生态学分析［J］．华东公路，2002，3：69-73.

[121] 王月菡．基于生态功能评价的城市森林绿地规划控制性指标研究［D］．南京：南京林业大学，2004.

[122] 王峥，蔡玲．宁杭高速公路沿线景观设计浅谈［J］．公路，2005（3）：38-41.

[123] 魏中华．公路景观设计理论研究［D］．北京：北京工业大学，2005.

[124] 魏凤虎，陈红，王卓娅．高速公路建设期生态环境影响分析［J］．辽宁省交高等专科学校学报，2003，5（2）：45-48

[125] 翁殊斐，陈锡沐．广州市公园植物景观特色与品种配置相关性研究［J］．亚热带植物科学．2004，33（1）：42-45.

[126] 邬建国．景观生态学［M］．北京：高等教育出版社，2001.

[127] 吴承祯，郑群瑞．万木林中亚热带常绿阔叶林物种多样性研究［J］．福建林学院学报，1996，16（1）：33-37.

[128] 吴征镒．中国植被［M］．北京：科学出版社，1980.

[129] 夏本安．高速公路景观绿化设计研究［J］．中外公路，2004，24（2）：99-102.

[130] 夏惠荣．高速公路环境景观评价的研究［J］．环境保护科学，2001，27（3）：42-43.

[131] 项卫东，郭建，魏勇，等．高速公路建设对区域生物多样性影响的评价［J］．南京林业大学学报（自然科学版），2004，27（6）：43-47.

[132] 谢晋阳，陈灵芝．暖温带落叶阔叶林的物种多样性特征［J］．生态学报，1994，14（4）：337-344.

[133] 谢凝高．山水审美：人与自然的交响曲［M］．北京：北京大学出版社，1998.

[134] 邢智远．沈阳市绕城高速公路两翼绿化设计探讨［J］．科技咨询导报，2007，29：69

[135] 肖杨，王红瑞，伍玉容．公路工程对土地利用、土地植被变化的驱动效应分析［J］．交通环保，2002，23（1）：10-12.

[136] 胥晓刚，杨冬生，胡庭兴．公路区域生态破坏及植被恢复技术应用与研究进展［J］．中国园林，2005，1：51-54.

[137] 胥晓刚．高速公路路域生态恢复研究［D］．雅安：四川农业大学，2004.

[138] 徐济德．杉木人工林采伐作业可视化模拟研究［D］．哈尔滨：东北林业大学，2005.

[139] 许金良，杨宏志．公路视景仿真模型［J］．长安大学学报（自然科学版），2004，24，

2：37-40.

[140] 薛达元，包浩生．长白山自然保护区森林生态系统间接经济价值评估［J］．中国环境科学，1999，19（3）：247-252.

[141] 薛欣飞．太原市杏花岭区土地利用景观格局分析［D］．太原：山西大学，2007.

[142] 严玲璋．略论21世纪上海城市绿化的可持续发展［J］．中国园林，1998，14（2）：44-46.

[143] 阎世龙．公路绿化的功能与设计［J］．河北建筑科技学院学报（社科版），2005，22（1）：21-22.

[144] 阎莹，王晓飞，蒋威锋，等．旅游公路景观协调性评价指标权重模型研究［J］．中国安全科学学报，2011，21（5）：35-39.

[145] 颜忠诚．生态型与生活型［J］．生物学通报，2001，36，5：4-5.

[146] 杨昌生．泉厦高速公路景观美化实施方案及评析［J］．公路，1999，4：5-8.

[147] 杨传永．浅谈公路绿化设计［J］．公路，2003，11：112-113.

[148] 杨士弘．城市绿化树木碳氧平衡效应研究［J］．城市环境与城市生态，1996，9（1）：37-39.

[149] 杨小波．城市生态学［M］．上海：华东师范大学出版社，2000.

[150] 姚晴春．南京石化区绿化质量及绿化设计研究［D］．南京：南京林业大学，2006.

[151] 姚宇，檀心福．宁杭高速公路设计配合浅谈［J］．公路，2005，3：178-180.

[152] 叶亚丽．山区高速公路景观设计与评价［D］．西安：长安大学，2006.

[153] 殷云龙，徐建华．江苏公路绿地系统的树种结构与发展水平评价［J］．植物资源与环境学报，2002，11（3）：46-52.

[154] 尹红梅．高速公路节点植物群落结构及景观绿化质量研究［D］．南京：南京林业大学，2007.

[155] 由畅，周永斌，于丽芬．景观破碎化数量分析方法概述［J］．中国农学通报，2006，22（5）：146-151.

[156] 袁黎，陆键，项乔君，等．高速公路绿化评价指标及方法研究［J］．公路交通科技，2007，24（3）：151-153

[157] 袁黎，陆键，项乔君，等．高速公路绿化指标体系的研究［J］．交通运输系统工程与信息，2006，6（93）：93-96.

[158] 袁赟，周广柱．朝阳大凌河公园树木生态效益及生态经济效益研究［J］．辽宁林业科技，2006，1：4-8.

[159] 詹昭宁．中国森林立地类型［M］．北京：中国林业出版社，1995.

[160] 张慧，沈渭寿，江腊沙，等．藏铁路沿线景观保护评价方法研究［J］．生态学报，2004，3（24）：574-582.

[161] 张琳．北方高速公路植物景观研究初探［D］．哈尔滨：东北农业大学，2010.

[162] 张前进，江玉林，陈学平．高速公路环境破坏与生态恢复评估研究［J］．公路交通科技，2006，23（5）：147-149.

[163] 张明娟，刘茂松，王磊，等．宝华山典型群落物种多样性的差异性分析［J］．南京林业大学学报：自然科学版，2004，27（6）：35-39.
[164] 张淑艳．公路景观设计中的绿化栽植［J］．运输经理世界，2004，2：47-48.
[165] 张秀风．沈阳市绕城高速公路两翼绿化设计有关技术问题的探讨［J］．内蒙古林业调查设计，2001，S1：58-59
[166] 张阳．公路景观学［M］．北京：建筑工业出版社，2004.
[167] 张玉芬．高等级公路建设与环境协调发展若干问题的探讨［J］．交通环保，1999，20（1）：28-30.
[168] 张志．基于GIS的金沟岭林场森林景观格局研究［D］．北京：北京林业大学，2004.
[169] 赵警卫．宁杭高速公路边坡生态防护及景观研究［D］．南京：南京林业大学，2005.
[170] 赵乔迁，宋夫才．我国高速公路绿化调查分析［J］．中外公路，2005，8（4）：213-215.
[171] 赵世伟，张佐双．园林植物景观设计与营造［M］．北京：中国城市出版社，2001.
[172] 赵勇，孙中党，吴明作．高速公路建设项目对生态环境影响综合评价研究［J］．安全与环境工程，2003，10（3）：27-30.
[173] 中国科学院江苏植物研究所唐述虞课题组．宁杭高速公路环境景观设计研究报告［C］．中国科学院江苏植物研究所，2005.
[174] 中国自然资源丛书编撰委员会．中国自然资源丛书：江苏卷［M］．北京：中国环境科学出版社，1996.
[175] 钟登华，刘东海．工程可视化辅助设计理论方法与应用［M］．北京：中国水利水电出版社，2004.
[176] 周华荣，钱亦兵，吴兆宁等．公路景观生态环境风险评价体系的建立和应用［J］．环境科学，2005，26（3）：192-197
[177] 周坚华，黄顺忠．上海市绿化三维量调查及其对策研究［J］．中国园林，1997，12（6）：58-60.
[178] 周坚华，孙天纵．三维绿色生物量的遥感模式研究与绿化环境效益估算［J］．环境遥感，1995，10（3）：162-234.
[179] 周述明．成都市城市街道绿化景观环境效益研究［D］．雅安：四川农业大学，2003.
[180] 周翔宇．高速公路生态、经济、景观结合型绿化景观设计研究——以江西鹰瑞高速为例［D］．江西：江西农业大学，2011.
[181] 朱唯，朱铭．高等级公路环境景观评价方法研究［J］．西安公路交通大学学报，1999，19（7）：29-30.
[182] 朱文泉，何兴元，陈玮，等．城市森林结构的量化研究——以沈阳树木园森林群落为例［J］．应用生态学报，2003，14（12）：2090-2094.
[183] 祝伟民．基于小波神经网络的区域景观生态评价研究［D］．南京：南京农业大学，2008.
[184] 祝遵凌，芦建国，胡海波，等．高速公路绿化景观功能及其实现［J］．林业科技开

发, 2005, 19 (5): 85-88.

[185] 祝遵凌, 尹红梅. 自然与人文景观在高速公路景观营建中的应用 [J]. 南京林业大学学报 (人文社会科学版), 2006, 6 (4): 89-94.

[186] 祝遵凌, 尹红梅. 自然与人文景观在高速公路景观营建中的应用 [J]. 南京林业大学学报 (人文社会科学版), 2006, 6 (4): 89-92.

[187] 邹兴平, 吴波. 公路三维视景仿真研究 [J]. 交通与计算机, 2004, 22 (3): 17-20.

[188] Akçakaya H R. Linking population-level risk assessment with landscape and habitat models [J]. The Science of the Total Environment, 2001, 274 (1-3): 283-291.

[189] Geneletti D. Usingspatial indications and value functions to assess ecosystem fragmentation caused by linear infrastructures [J]. International Journal of Applied Earth Observation and Geoinformation, 2004, 5: 1-15.

[190] Guiducci A. Parametric model of the perspective projection of a road with applications to lane keeping and 3D road reconstruction [J]. Computer Vision and Image Understanding, 1999, 73 (3): 414-427.

[191] Ariel E L, Hermann G. Function, effects, and management of forest roads' s [J]. Forest Ecology and Management, 2000, 133 (3): 249-262.

[192] Baekken T. Effects of highway pollutants on a small Norwegian lake [J]. The Science of The Total Environment, 1994, 146-147: 131-139.

[193] Boris K, Evangelos T, James R, et al. Fuzzy logic in computer-aided breast cancerdiagnosis: analysis of lobulation [J]. Artificial Intelligence in Medicine, 1997, 11 (1): 75-85.

[194] Chew E P, Goh C J, Fwa T F. Simultaneous optimization of horizontal and verticalalignments for highways [J]. Transportation Research Part B: Methodological, 1989, 23 (5): 315-329.

[195] ChristinaV H. Baekken planning facing the challenge of the development of cultural landscapes [J]. Landscape and Urban Planning, 2002, 60 (2): 73-80.

[196] Daniel J M. Landscape history as a planning tool [J]. Landscape and Urban Planning, 2000, 49 (1-2): 67-81.

[197] Edward J T, Krakover S, Gauthier L H. Interactions Betweenpread - and -backwash, Population Turn around and Corridor Effects in the Intermetropolitan Periphery [J]. Urban Geography, 1992, 13 (6): 503--533.

[198] Feng S, Xu L D. Decision support for fuzzy comprehensive evaluation of urband evelopment [J]. Fuzzy Sets and Systems, 1999, 105 (1): 1-12.

[199] Fernandes, Joao P. Landscape ecology and conservation management-evaluationof alternatives in a highway EIA process. Environmental Impact AssessmentReview, 2000, 20 (6): 665-680.

[200] Forman R T T. Land mosaics: the ecology of landscapes and regions [M]. Cambridge Uni-

versity Press, 1995.

[201] Dangermod J, Killpack C. Geographic information systems mergeas sophisticate vehicles for plotting analyzing environmental data [J]. Landscape Architecture, 1988 (7): 79-80.

[202] Froment J, Domon G. Viewer appreciation of highway landscapes: The contribution of ecologically managed embankments inQuebec, Canada [J]. Landscape and urban planning, 2006, 78 (1): 14-32.

[203] Fukahori K, Kubota Y, et al. Development of visual assessment system for planningand design of expressway [J]. Proceedings of the seventh international conference oncomputing in civil and building engineering, 1997, 1-4: 715-720.

[204] Clarke G P, Piran C L W, Stephen H. Effects of roads' s on badger Meles populationsin south-westEngland [J]. Biological Conservation, 1998, 86 (2): 117-124.

[205] Seddon G. Landscape planning: a conceptual perspective [J]. Landscape and urban planning, 1986, 13: 335-347.

[206] Guyot G, Clobert J. Conservation measures for a population of Hermann´s tortoise Testudo hermanni in southernFrance bisected by a major highway [J]. Biological Conservation, 1997, 79 (2): 251-256.

[207] Goodland R J A, Howard S I. An ecological discussion of the environmental impactof the highway construction program in the Amazon basin [J]. Landscape andPlanning, 1974, 1: 123-254.

[208] Harbin L, David I G, Pu M, et al. A landscape model (LEEMATH) to evaluate effectsof management impacts on timber and wildlife habitat [J]. Computers and Electronics in Agriculture, 2000 , 27 (1-3): 263-292.

[209] Hessburg T M. Fuzzy logic control with adaptive methods for vehicle lateral guidance [J]. Transportation Research Part A: Policy and Practice, 1997, 31 (1): 61-62.

[210] Hurley W J. The analytic hierarchy process: a note on an approach to sensitivity which preserves rank order [J]. Computers & Operations Research, 2001, 28 (2): 185-188.

[211] Jha K M, Schonfeld P. A highway alignment optimization model using geographicinformation systems [J]. Transportation Research Part A: Policy and Practice, 2004, 38 (6): 455-481.

[212] Kamal M, Al-Subhi Al-Harbi. Application of the AHP in project management [J]. International Journal of Project Management, 2001, 19 (1): 19-27.

[213] McGarigal K, Landguth E, Stafford S, et al. Multivariate Statistics for Wildlife and Ecology Research [M]. New York: Springer-Verlag New York Inc, 2002.

[214] Lars B. Solutions for characterising natural landscapes inNew Zealand usinggeographical information systems [J]. Journal of Environmental Management, 2005, 76 (1): 23-34.

[215] Lee J W, Kim S H. An integrated approach for interdependent information systemproject selection [J]. International Journal of Project Management, 2001, 19 (2): 111-118.

[216] Leung C L, Cao D. On the efficacy of modeling multi-attribute decision problemsusing AHP and Sinarchy [J]. European Journal of Operational Research, 2001, 132 (1): 39-49.

[217] Lin H T, Chiu M L. From urban landscape to information landscape: Digital Tai nanas an example [J]. Automation in Construction, 2003, 12 (5): 473-480.

[218] Liu F H, Hai H L. The voting analytic hierarchy process method forselecting supplier [J]. International Journal of Production Economics, 2005, 97 (3): 308-317.

[219] Matti S. Geomorphological aspects of roads' construction in a cold environment, Finland [J]. Geomorphology, 1999, 31 (1-4): 65-91.

[220] Moffett T J. Building highway systems with computer graphic simulations [J]. Proceedings of the IEEE, 1974, 62 (4): 429-436.

[221] Mok J H, Landphair H C, Naderi J R. Landscape improvement impacts onroads' sidesafety inTexas [J]. Landscape and Urban Planning, 2006, 78 (3): 263-274.

[222] MukaiT. Virtual reality for traffic environment simulation [J]. Transactions of theInformation Processing Society ofJapan, 1998, 39 (1): 142-52.

[223] Partha C, Shinya K. Evaluation of the General Motors based car-following modelsand a proposed fuzzy inference model [J]. Transportation Research Part C: Emerging Technologies, 1999, 7 (4): 209-235.

[224] Paul F M, Jim P. The production of interactive engineering design software using Borland Delphi [J]. Advances in Engineering Software, 2001, 32 (10-11): 789-796.

[225] Robert A L, Richard C S. Commercial highway landscape reclamation: Aparticipatory approach [J]. Landscape and Planning, 1986, 12 (4): 353-385.

[226] Robert B, Richard E C, Todd B. Group differences in the enjoyability of driving through rural landscapes [J]. Landscape and Urban Planning, 2000, 47 (1-2): 39-45.

[227] Robert J C. The effectiveness of working group risk identification and assessment techniques [J]. International Journal of Project Management, 1998, 16 (6): 333-343.

[228] Rowe G, Wright G. TheDelphi technique as a forecasting tool: issues and analysis [J]. International Journal of Forecasting, 1999, 15 (4): 353-375.

[229] Serrano M, Sanz L, Puig J, et al. Landscape fragmentation caused bythe transport network in Navarra (Spain): Two - scale analysis and landscape integration assessment [J]. Landscape and Urban Planning, 2002, 58: 113-123.

[230] Shelley M A, Nigel M W. The effects of highway transportation corridors onwildlife: a case study ofBanff National Park [J]. Transportation Research Part C: Emerging Technologies, 2000, 8 (1-6): 307-320.

[231] Theano S T. Towards a theory of the landscape: the Aegean landscape as a culturalimage [J]. Landscape and Urban Planning, 2001, 57 (3-4): 197-208.

[232] Viles R L, Rosier D J. How to use roads' s in the creation of greenways: case studies inthreeNew Zealand landscapes [J]. Landscape and Urban Planning, 2001, 55 (1):

15-27.

[233] Wang X H, Stauffer B. Application of GIS for enviromental impact analysis in atraffic relief study [J]. Comput, Envirin and Urban Systems, 1995, 19 (4): 275-286.

[234] William J M, James G G. The value of wetlands: importance of scale and lands-capesetting [J]. Ecological Economics, 2000, 35 (1): 25-33.

[235] Wines J A. The analysis of landscape patterns: interdisciplinary seminarin ecology [M]. Colorado: Colorado State University, 1988.